汽车零部件再制造
设计与工程

梁秀兵　　陈永雄　史佩京　　等　编著
　　　　　谢建军　么　新

科学出版社

北京

内 容 简 介

汽车零部件再制造是机电产品再制造领域中的支柱产业之一,是促进低碳经济和循环经济发展的重要组成部分。本书从指导汽车再制造行业工程实践的目的出发,介绍了汽车再制造行业的历史背景和作用,以及汽车零部件再制造产业规模化、专业化、标准化、循环化发展所需的逆向物流体系;系统归纳、研究总结了汽车发动机、变速箱、转向器、发电机和起动机、制动钳、电子控制单元等零部件再制造所涉及的基本理论及工程实践技术知识。

本书可供从事汽车再制造或相关行业的工程技术人员及生产管理人员阅读,也可供高等院校及科研院所开展再制造研究或教学的技术人员参考。

图书在版编目(CIP)数据

汽车零部件再制造设计与工程 / 梁秀兵等编著 . —北京:科学出版社,2016.11

ISBN 978-7-03-050302-2

Ⅰ.①汽… Ⅱ.①梁… Ⅲ.①汽车-零部件-废物综合利用-生产工艺 Ⅳ.①U463.06

中国版本图书馆 CIP 数据核字(2016)第 258118 号

责任编辑:刘宝莉 / 责任校对:郭瑞芝
责任印制:张 倩 / 封面设计:左 讯

科学出版社 出版

北京东黄城根北街 16 号
邮政编码:100717
http://www.sciencep.com

北京通州皇家印刷厂 印刷
科学出版社发行 各地新华书店经销

*

2016 年 11 月第 一 版 开本:720×1000 1/16
2018 年 1 月第三次印刷 印张:11 彩插:2
字数:222 000

定价:90.00 元
(如有印装质量问题,我社负责调换)

前　　言

　　早在 1998 年,徐滨士院士率先在我国提出再制造的理念,并带领团队开展再制造基础理论和关键技术攻关,为推动我国再制造产业发展奠定了基础。再制造是维修工程和表面工程发展的高级阶段,是先进制造的重要组成,是废旧产品高技术修复、改造的产业化。近年来,中国的再制造发展迅速,这在汽车领域表现尤为突出。2008 年,国家发展和改革委员会就组织了汽车行业内的 14 家企业开展第一批汽车零部件再制造试点工作,并于 2013 年又组织了 28 家企业开展第二批试点工作。一系列国家级政策的制定、颁布和实施为汽车零部件再制造工程体系的推广应用起到了良好的推动作用。据测算,2015 年,我国汽车零部件再制造产品产销量突破 50 万台套,产值突破 80 亿元。到"十三五"末,我国报废汽车量达到900 万辆,汽车零部件再制造比例可达到报废车辆的 10%,再制造产品范围从最初的发动机、变速箱、起动机、发电机等四大领域逐步拓展到转向器、助力泵、机油泵、空压机、增压器等 10 余个产品细分领域,汽车零部件再制造产品的年产销量突破150 万台套,产值达到 210 亿元。因此,针对未来我国汽车工业和配件市场,大力发展再制造理论和关键技术,对推动我国汽车再制造产业发展意义重大。

　　纵观再制造工程领域的相关理论文献,还未见有系统介绍汽车零部件再制造工程技术方面的专门书籍,目前大多数从事汽车再制造行业的企业和研究单位,也深感理论资料的缺乏,只能参照汽车零部件新品制造行业的相关理论和自身积累的一些经验开展工作,这在一定程度上限制了汽车零部件再制造行业的发展。因此,本书从指导汽车再制造行业工程实践的目的出发,整理并归纳了从事汽车零部件再制造所涉及的基本理论、逆向物流、再制造工艺过程、技术标准及质量控制等方面的工程知识,其中,第 1 章介绍了整个机电产品再制造行业的内涵、现状及发展,以便读者较清晰地认识汽车再制造处在整个再制造行业中的历史背景和地位;第 2 章从汽车零部件再制造产业进行规模化、专业化、标准化、循环化发展的要求出发,详细介绍了汽车零部件再制造的逆向物流体系;第 3 至 7 章在总结工程实际经验和相关知识的基础上,分别介绍了汽车发动机、变速箱、转向器、发电机、起动机和制动钳的再制造;第 8 章围绕汽车再制造新技术的发展需求,介绍了汽车电子控制单元再制造的技术现状和发展。本书兼顾理论性和工程实用性。通过阅读本书,读者会对汽车几大总成零部件的再制造有一个基本的认识,同时也对整个汽车再制造行业所涉及的工程技术任务有一个系统的了解。

　　本书由梁秀兵、陈永雄、史佩京、谢建军、么新等撰写。各章参与编写人员为:

第 1 章,史佩京、梁秀兵、么新、蔡志海;第 2 章,史佩京、刘筱红、罗建明、刘欢;第 3 章,梁秀兵、胡伯康、胡振峰、吕耀辉、董丽虹、李文海、吕镖;第 4 章,黄志勇、陈永雄;第 5 章,李振全、张志彬、商俊超、刘军;第 6 章,滕国平、侯立东、谢建军、柳建;第 7 章,陈集、金光泽、李宏滨、仝永刚,第 8 章,滕国平、张平、乔玉林。全书由梁秀兵和陈永雄统稿。

　　本书可供从事汽车再制造或相关行业的工程技术人员及生产管理人员阅读,也可供高等院校及科研院所开展再制造研究或教学的技术人员参考。

　　本书的顺利出版得益于国家发展与改革委员会自 2008 年以来开展的汽车零部件再制造产业试点的实践成就,得益于国家自然科学基金项目"防腐与耐磨双重功能铝基亚稳态复合涂层成形机制与性能"(No.51375492)、"低温微粒轰击与热喷涂一体化成形技术及涂层性能强化机理"(No.51575527),北京市科技项目"发动机高附加值零部件再制造设备成果转化"(Z131100006413031),以及军队科研等项目的资助,在此表示衷心感谢。同时,向为本书撰稿及提供素材的以下国家级再制造试点企业、行业协会和研究单位表示衷心感谢:中国重汽集团济南复强动力有限公司、柏科(常熟)电机有限公司、广州市跨越汽车零部件工贸有限公司、广州市花都全球自动变速箱有限公司、广州市欧瑞德汽车发动机科技有限公司、河北长立汽车配件有限公司、温州市东启汽车零部件制造有限公司、中国汽车工业协会汽车零部件再制造分会、中国循环经济协会、张家港宏石文化传播有限公司、装甲兵工程学院装备维修与再制造工程系、装备再制造技术国防科技重点实验室、机械产品再制造国家工程研究中心。

　　限于编著人员水平,书中难免存在不当之处,恳请读者指正并提出宝贵意见。

目　　录

第1章 绪 论

再制造是维修工程和表面工程发展的高级阶段,是先进制造的重要组成,是废旧产品高技术修复、改造的产业化。近年来,中国的再制造发展迅速,已在再制造的政策法规、产业实践及基础研究方面成绩斐然。本章主要阐述中国自主创新再制造的模式及内涵,综述我国再制造质量控制的关键技术,分析国内再制造工程产业发展的前沿问题。

1.1 再制造的内涵

维修实践发现,装备的失效取决于最薄弱零件部位的失效,只要使最薄弱零件部位的性能得以恢复提升,装备的整体性能就能提升,装备的总体寿命就会延长。最薄弱零件或零件最薄弱处的失效,基本都是表面磨损和腐蚀失效。解决磨损和腐蚀问题,表面工程技术具有得天独厚的优势。如果将大量的废旧装备集中起来,以拆解后的废旧零件作为再制造毛坯,利用表面工程技术对毛坯进行批量化修复,重新赋予废旧装备服役能力,那么这一过程就是再制造[1~5]。

1.1.1 再制造的概念

再制造工程是以机电产品的全寿命周期设计和管理为指导,以废旧机电产品实现性能提升为目标,以优质、高效、节能、节材、环保为准则,以先进技术和产业化生产为手段,对废旧机电产品进行修复和改造的一系列技术措施或工程活动的总称。再制造的重要特征是再制造产品的质量和性能要不低于原型新品,成本仅是新品的 50%左右,节能 60%,节材 70%,大气污染物排放量降低 80%,经济效益、社会效益和生态效益显著。

1.1.2 再制造工程的研究内容

再制造工程是新兴产业,再制造产品质量直接影响再制造企业的效益,决定再制造企业的生死存亡,关系到再制造产业的健康发展。自再制造工程创立以来,如何保证再制造产品质量一直受到行业内外的高度关注。再制造工程的研究内容就是围绕如何实现再制造产品质量不低于新品这一核心命题展开的。

根据决定再制造产品质量的关键因素,再制造工程的研究内容分为再制造质量评价技术和再制造成形加工关键技术两个领域。

再制造成形加工关键技术包含纳米电刷镀技术、高速电弧喷涂技术、激光熔覆技术、微束等离子快速成形技术、自修复技术等,这一方面的研究涉及再制造涂层材料、技术工艺及设备等。在保持废旧零部件材质和形状基本不变的前提下,采用上述关键技术恢复原产品的尺寸标准、实现原产品的功能升级,保证再制造产品质量不低于新品。

再制造质量评价技术包括再制造毛坯质量评价和再制造涂层质量评价两部分。理论方面,需要研究零部件服役过程中性能退化、破坏的失效规律,预测毛坯的剩余寿命,明确其是否具有再制造价值,确定再制造后的零部件能否支持下一个服役周期;再制造涂层的质量评价,要求评估表面涂层以及涂层与基体的结合质量,预测再制造后的服役寿命,保证再制造产品的性能不低于新品。技术方面,综合多种先进无损检测技术,建立以超声、涡流、金属磁记忆、声发射等先进无损检测技术为重要支撑、传统质量检测手段为辅助的再制造质量控制体系,检测废旧件的损伤程度以及裂纹类关键缺陷的真实状态和变化趋势,为预测再制造毛坯的剩余寿命和再制造涂层的服役寿命提供可靠依据。

1.1.3　我国再制造的特色和优势

以美国和西欧为代表的国外再制造,起步早、规模大、效益好,但其再制造模式有较明显的局限性,并不完全适合于中国国情,还有很大的提升空间。国外再制造都采用换件修理法和尺寸修理法,前者是将损伤的零件整体更换为新品零件,后者是将失配零件的表面尺寸加工扩大到规定的范围,再配以相应大尺寸的新品零件重新配副。换件修理法更换的失效零件,要么成为垃圾,要么被回炉冶炼,重走一遍熔炼—成形—制造—使用的"耗能、污染"过程;尺寸修理法虽然能恢复零件的出厂性能,但因破坏了互换性,且使用了非标准件,故达不到原型机新品的使用寿命。

国外再制造模式虽可节能、节材和环保,但对再制造的巨大潜力挖掘得还不够。只有利用先进的表面工程技术,将每一个失效零件都修好并让它们重新服役,才能最大限度地满足节能减排的要求。为此,我国探索形成了"以高新技术为支撑,以恢复尺寸、提升性能的表面工程技术为依托,产学研相结合,既循环又经济"的中国特色的再制造模式。

在这种模式指导下,中国的再制造取得了十分显著的成效。一方面,经济和社会效益显著,以再制造 200 万台斯太尔发动机计,即可节省金属 153 万 t,节电 29 亿度,回收附加值 646 亿元,实现利税 58 亿元,减少 CO_2 排放 12 万 t。另一方面,旧件利用率大幅度提高,已达到 85%,而国外只有 72%。

1.2　再制造的迫切性和重要意义

我国已进入机械装备和家用电器报废的高峰期,再制造势在必行。目前,全国役龄 10 年以上的传统旧机床超过 200 万台,80％的在役工程机械超过保质期;年报废汽车约 500 万辆,报废电脑、电视机、电冰箱 1600 万台,报废手机 2000 万部,每年产生约 8 亿 t 固体废物。

我国的装备运行损失十分惊人,再制造也势在必行。仅以腐蚀和磨损为例,2003 年中国工程院发布腐蚀调查报告[6]:2002 年我国因腐蚀造成损失近 6000 亿元,占当年 GDP 的 5％。2007 年中国工程院发布摩擦学调查报告[7]:2006 年全国因摩擦磨损造成的损失高达 9500 亿元,占当年 GDP 的 4.5％。两项损失合计1.55 万亿元,粗略估算占 GDP 的 9.5％,而发达国家两项总和仅为 4％～5％。若能采取有效措施挽回 10％的损失,则每年可节约 1550 亿元。

再制造的社会效益十分巨大。与相关制造业比,再制造业的就业人数是其2～3 倍。2005 年,美国再制造业的年产值为 750 亿美元,雇佣员工 100 万,同年,美国计算机制造业的产值与此相当,雇佣员工只有 35 万,说明再制造业具有显著的创造就业与再就业的能力。

再制造的资源与环境效益同样十分巨大。据美国阿贡国家重点实验室统计,新制造 1 辆汽车的能耗是再制造的 6 倍,新制造 1 台汽车发电机的能耗是再制造的 7 倍,新制造 1 台汽车发动机的能耗是再制造的 11 倍[8]。据对我国第一家再制造领域的循环经济示范试点企业济南复强再制造公司的数据统计,若再制造 200万台斯太尔发动机,则可以节省金属 153 万 t,节电 29 亿度,回收附加值 646 亿元,实现利税 58 亿元,减少 CO_2 排放 12 万 t。

中国特色的再制造来源于维修工程和表面工程,是维修工程和表面工程发展的高级阶段;同时,再制造是先进制造的组成部分,属于绿色制造。但是,再制造又明显区别于维修和制造,具有独立的学科方向。与制造相比,再制造有更多的科学和技术基础问题需要独立解决:①加工对象更苛刻,制造的对象是经铸锻焊、车铣磨、热处理后的新毛坯,性能均质、单一,而再制造的对象是旧毛坯,即报废的成形零件,存在着尺寸超差、残余应力、内部裂纹和表面变形等一系列缺陷;②前期处理更繁琐,制造的毛坯是基本清洁的,很少需要前处理,而再制造的毛坯必须去除油污、水垢、锈蚀层及硬化层;③质量控制更困难,制造过程的质量控制已趋成熟,再制造毛坯的寿命预测和质量控制,因毛坯损伤的复杂性和特殊性而使其非常困难;④工艺标准更严格,制造过程非常规范,再制造过程中废旧零件的尺寸变形和表面损伤程度各不相同,必须采用更高技术标准的加工工艺。

上述特殊的基础理论和工程需求催生了再制造工程新学科。近年来,我国大力推进再制造学科的发展,建立了专门从事再制造研究的国家级重点实验室——装备再制造技术国防科技重点实验室。学科的发展也有力地推动了国家政策的发展。2009 年 1 月,《中华人民共和国循环经济促进法》生效,再制造已被列为循环经济试点的重点领域,该法在第 2、第 40 及第 56 条中六次阐述再制造,标志着再制造已进入国家法律。

1.3　再制造产品质量控制

再制造过程中,废旧件作为"基体",通过多种高新技术在废旧零部件的失效表面生成涂覆层,恢复失效零件的尺寸并提升其性能,获得再制造产品。因此,再制造产品的质量由废旧件(即再制造毛坯)原始质量和再制造恢复涂层质量两部分共同决定。其中,废旧件原始质量则是制造质量和服役工况共同作用的结果,尤其是服役工况中含有很多不可控制的随机因素,一些危险缺陷常常在服役条件下生成并扩展,这将导致废旧件的制造质量急剧降低;而再制造恢复涂层质量取决于再制造技术,包含再制造材料、技术工艺和工艺设备等。再制造零件使用过程中,依靠再制造毛坯和修复涂层共同承担服役工况的载荷要求,控制再制造毛坯的原始质量和修复涂层的质量就能够控制再制造产品的质量。

1.3.1　再制造产品质量不低于新品的前提

再制造前,质量不合格的废旧件将被剔除,不会进入再制造工艺流程。如果废旧件基体中存在超标的质量和性能缺陷,那么无论所采用的再制造技术多么先进,再制造后的零件形状和尺寸恢复得多么精确,其服役寿命和服役可靠性也难以保证。只有原始制造质量好,并且在服役过程中没有产生关键缺陷的废旧零部件才能够进行再制造,依靠高新技术在失效表面形成修复性强化涂层,使得废旧件尺寸恢复、性能提升、寿命延长,这是再制造产品质量能够不低于新品的前提。澄清这一概念有助于人们正确看待再制造产品,将再制造产品与假冒伪劣产品区分开来。

1.3.2　再制造产品质量控制过程

再制造毛坯经过一个寿命周期的使用过程,具有制造成形的零件的基本尺寸,在服役过程中可能产生不同程度的早期损伤及缺陷,为保证再制造产品质量,在准确评估再制造毛坯剩余寿命的基础上,根据废旧件损伤状态,确定相应的再制造成形方案,选择适宜的再制造关键技术进行加工。再制造成形后,还要检测涂层质量及涂层与基体的结合质量,评价再制造产品的服役寿命,合格件才能够装配应用。

实现再制造产品的质量控制,就是通过严格把关形成再制造产品的三个重要环节来确保再制造产品性能不低于新品:

(1)再制造前毛坯的质量控制。

(2)再制造成形过程的质量控制。

(3)再制造后涂层的质量控制。

其中寿命评估技术是第(1)和(3)环节的核心研究内容。第(2)环节的质量控制和制造过程类似,是对再制造成形工艺的控制。再制造毛坯剩余寿命评估、再制造成形加工过程质量检验、再制造涂层服役寿命评估等内容是这三个重要环节中所采用的关键技术。由此确定再制造质量控制体系的内容如下:

1)再制造毛坯质量控制

针对已经历一个服役周期的废旧零部件,为保证再制造毛坯的质量,在失效分析的基础上,综合采用多种无损检测技术手段,首先判断再制造毛坯表面和内部有无裂纹及其他类型缺陷。重要的关键零部件,发现贯穿裂纹即判废,决不再制造;未发现裂纹及其他超标缺陷的关键零部件,尚需采用先进无损检测技术评价其废旧损伤程度、再制造价值大小,确定能支持一轮或几轮服役周期;对非重要承载零部件,根据失效分析理论,结合零件的标准分析缺陷状态,评价生成的缺陷是否超标,超标者不可再制造,不超标者才能进入再制造成形工序。再制造重点实验室已经自主研发了发动机缸体、缸盖裂纹涡流检测仪、疲劳裂纹扩展寿命评估仪、曲轴R角疲劳损伤评估仪等系列先进无损检测设备,应用于济南复强动力公司生产线,实现再制造毛坯裂纹缺陷及损伤状态质量评价,有效保证了毛坯质量。

2)再制造成形过程质量控制

在再制造表面涂层的成形加工工序,根据再制造毛坯质量评价结果,采用适当的再制造技术(纳米电刷镀技术、高速电弧喷涂技术、激光熔覆技术、微束等离子快速成形技术、自修复技术等),在毛坯损伤表面制备高性能的再制造涂层,形成再制造产品。这一环节的质量控制要针对再制造毛坯质量评估阶段发现的缺陷形状位置、尺寸大小和再制造零件的标准要求,选择和应用适宜的涂层材料和成形工艺,建立再制造技术的工艺规范,保证高性能涂层质量以及涂层与再制造毛坯基体良好结合,获得预期的性能。先进再制造技术的研发主要在实验室中完成,并在生产实践中考核。

3)再制造涂层质量控制

再制造涂层的质量和性能直接关系到再制造产品的服役性能。针对采用先进表面工程技术再制造的零部件,其表面涂层质量采用高新技术进行无损检测评估,利用超声、交流阻抗、声发射等技术评价表面涂层中的孔隙率、微裂纹等缺陷状态,以及硬度、残余应力、强度以及涂层/基体结合情况等,综合给出再制造产品的服役寿命。

4)再制造产品实际考核

通过台架试验或实车考核等对再制造产品进行整体综合评价。在再制造工艺、材料、质量控制手段优化固定或形成技术规范之前,针对首次获得的再制造件,还必须通过台架试验或实车应用考核等进行综合考核试验,以确保所采用的再制造技术方案和质量控制方案能够保证再制造产品质量。

5)再制造标准

通过检测评估和实际考核应用,将成熟的再制造关键技术和质量控制技术及方法等形成系列再制造标准文件,如质量手册、技术标准、工艺规范、作业指导书等,为产业化生产提供依据,保证工业生产中再制造产品质量的稳定。

目前,装备再制造技术国防科技重点实验室已陆续出台《再制造术语》(GB/T 28619—2012)、《机械产品再制造质量管理要求》(GB/T 31207—2014)、《再制造毛坯质量检验方法》(GB/T 31208—2014)等15项再制造共性基础国家标准。同时,国内相关高等院校和再制造企业正在联合制定"再制造技术工艺标准、再制造质量检测标准、再制造产品认证标准"等多类标准草案,包括:再制造发动机工艺流程标准、发动机再制造产品性能评价与质量检测标准、废旧发动机零件剩余寿命评估标准、再制造的关键零件(曲轴、缸体、凸轮轴、连杆轴等)质量检测标准、再制造发动机试车考核标准等。下一步应深化标准内涵,制定出具有良好通用性和可操作性的标准方案。

综上所述,再制造产品质量依靠先进无损检测技术、高新再制造成形加工关键技术、实际考核技术,以及一系列标准规范文件予以保证。再制造产品的质量控制体系构成可以描述为如图1.1所示。

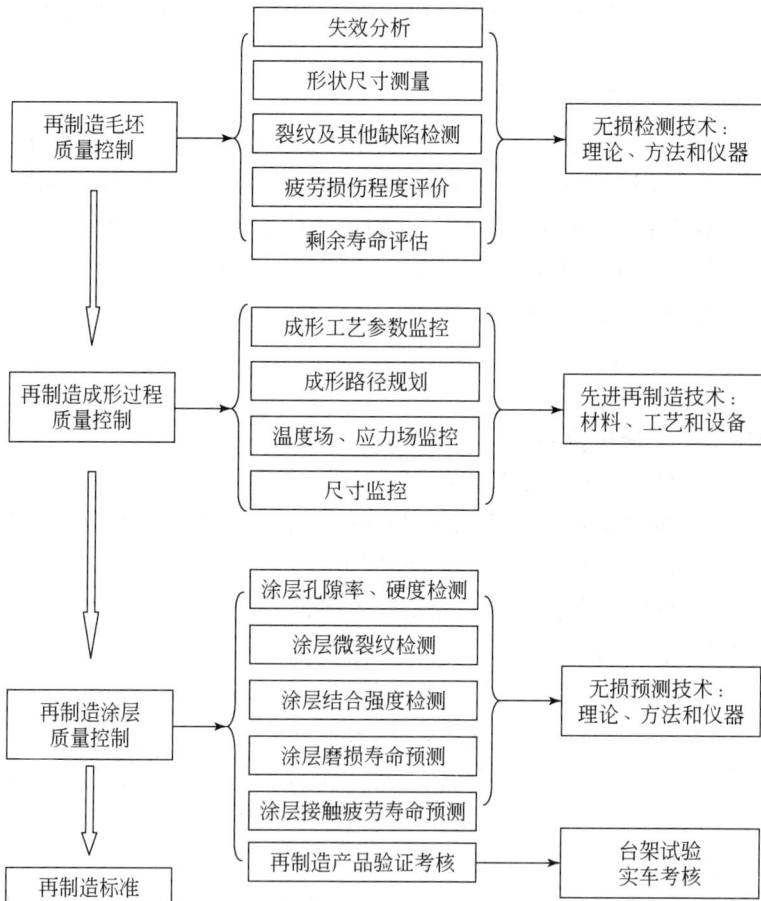

图1.1　再制造产品质量控制体系构成简图

1.4　再制造产业发展的前沿问题

再制造在国家宏观政策层面上得到重大的发展机遇,却不得不面临着其他多层面的瓶颈挑战。在关键技术层面,当前有限的以发动机再制造为主要应用对象的关键技术无法完全满足短期内迅速扩张的各个再制造行业(如工程机械、机床等再制造)对再制造关键技术的多层次需求;在再制造模式层面,国内还有相当多的再制造企业,因引进国外再制造生产线,故仍简单地套用国外的尺寸修理模式和换件修理模式,对具有中国特色的"尺寸恢复、性能提升"模式认识不足;在中试平台层面,由于缺乏中间转换环节,如国家工程中心、再制造中试基地等,实验室里研发的再制造关键技术未经中试,直接应用于再制造工厂的生产线,影响了生产效率和可靠性。未来的几年中,必须迎难而上,应对挑战,突破瓶颈,牢牢抓住再制造发展难得的大好机遇,实现再制造的重大突破。

展望未来,中国的再制造应从三个方面予以重点突破,即"探索再制造质量控制的科学基础,创新再制造成形加工的关键技术、制定再制造的行业标准"。

(1)探索再制造质量控制的科学基础。寿命评估是再制造质量控制的核心研究内容,建立准确的再制造寿命预测模型,需要深入研究探索以产品全寿命周期理论、废旧零件和再制造零件的寿命评估预测理论等为代表的再制造基础理论,以揭示产品寿命演变规律的科学本质。为解决装备寿命评估这一世界性难题,必须探索研究更多、更有效的无损检测及寿命预测理论与技术。

(2)创新再制造成形加工的关键技术。需要不断创新研发用于再制造的先进表面工程技术群,使再制造零件表面涂层的强度更高、寿命更长,确保再制造产品的质量不低于甚至超过新品。现已成功开发纳米表面工程技术和自动化表面工程技术,除对它们进一步完善外,还需研发生物表面工程技术等新的方向。

(3)制定再制造的行业标准。我国再制造因起步较晚,再制造企业的技术积累少,再制造标准缺乏,在一定程度上阻碍了再制造的广泛应用。应尽早建立系统、完善的再制造工艺技术标准、质量检测标准等体现再制造走向规范化的标准体系。

第 2 章　汽车零部件再制造逆向物流体系

汽车零部件再制造产业属于新兴产业,逆向物流体系成为决定汽车零部件再制造产业能否进行规模化、专业化、标准化、循环化发展的重要因素,这就要求通过逆向物流系统的建设、研究和应用实现汽车零部件再制造的逆向物流管理,满足汽车零部件再制造生产要求,并逐步在汽车零部件再制造行业内进行推广应用,以更好地促进行业发展,更加有利于低碳经济和循环经济工作的开展。

2.1　逆向物流简介

汽车零部件再制造逆向物流管理是指以汽车零部件再制造生产为目的,为重新获取废旧产品的利用价值,使其从消费地点到汽车零部件再制造生产企业的流动过程。汽车零部件再制造逆向物流管理在具体的要求和实现的基础上更加具有目的性。

2.1.1　基本概念

建立完善的汽车零部件再制造逆向物流体系可以为再制造生产提供充足的生产"毛坯",是实施汽车零部件再制造生产的"生命线"。加强逆向物流的管理,不但可以保障丰富的原料供应,还可以优化回收、检测、分类、仓储及再制造生产和销售等环节,降低汽车零部件再制造生产成本。

2.1.2　逆向物流的起源

物流是人类社会一切活动的物质基础。在经济社会中,生产、流通和消费是构成经济活动的三大组成部分。流通是联系生产和消费的关键性环节,而物资流动是流通领域的重要组成部分。人们已经认识到物流是继劳动力、资源后的第三大利润源泉。通常将产品由生产者向消费者的物流体系称为"正向物流"(forward logistics)。对废旧物质回收中的物流(即逆向物流,reversal logistics),人们的认识和理解经历了一个不断完善和逐步深化的漫长过程。在过去的十几年中,逆向物流已经对工业经济和社会产生了重要的经济影响。

逆向物流是指产品从一定的渠道中由消费者向资源化商(可能是原生产商,也可能是专门的处理商)流动的活动。逆向物流包含投诉退货、终端退回、商业退回、维修退回、生产报废以及包装等六大类。其概念的界定包括了末端产品回收的全过程:收购、储存、运输、装卸、分类、包装及管理等。逆向物流与一般意义上的由厂家到客户的正向物流模式有很大的区别。在正常的物流模式中,产品由厂家流向客户,各厂家均有自己的配送渠道,其物流是金字塔形的(见图 2.1)。而资源化中的逆向物流则是末端产品由众多的客户流向资源化工厂,其物流呈现倒金字塔的形状(见图 2.2),需要特殊的动作模式、激励机制,才能使末端产品由分散的客户向资源化加工厂进行汇集。逆向物流通常需要借助第三方来完成。

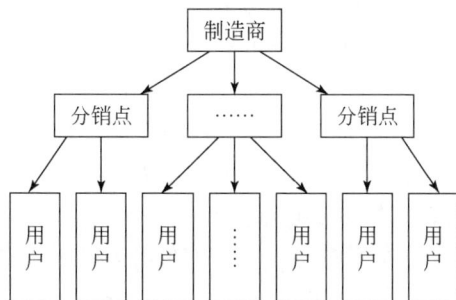

图 2.1　金字塔形的产品正向物流

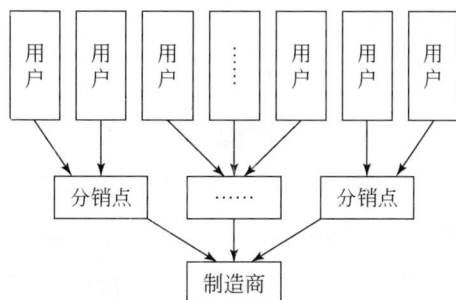

图 2.2　倒金字塔形的末端产品逆向物流

2.2　国内外汽车零部件逆向物流的发展现状

由于汽车零部件量相当大,发达国家已基本形成了汽车产品从设计、生产、销售到回收利用的一个良性循环的体系,汽车零部件成为产生巨大经济效益和社会效益的现代化产业。在我国,废旧汽车零部件更新管理工作始于 20 世纪 50 年代,直到 80 年代初才有了正规化管理。

2.2.1　国外汽车零部件逆向物流的发展现状

以美国、日本和德国为例,分析国外汽车零部件逆向物流的发展现状。

美国于1991年出台了关于回收利用废旧轮胎的法律,美国汽车工程师协会多次举办以"全寿命周期管理"和"再制造"为主题的学术会议,会议制定的相关标准成为美国对再制造行业立法和制定标准的基础。

美国的汽车零部件逆向物流主要是通过汽车零部件回收拆解业进行,据2009年的统计数据,美国拥有12 000多家汽车零部件拆解企业,约20 000家零部件再制造企业,汽车零部件的再利用率也已达到95%。

日本厚生省于1995年制定并公布实施了《汽车、电器等在粉碎屑处理前进行有用物选出的指南》,1997年通产省公布实施了《汽车零部件再生利用规范》,2002年颁布实施了"关于汽车零部件资源化法律",简称《汽车循环利用法》。日本通过专业的回收企业、二手经销商、产品制造商共同作用的回收网络,每年约500万辆汽车被报废,除去出口国外的汽车,有400多万辆车要在日本本土进行报废处理,2015年汽车基本实现95%的回收利用率。

德国政府于1991年公布了有关汽车零部件处理的政府令,1998年4月开始实施关于废车拆解的政府令,2000年制定了统一法令,决定从加强生产者责任的方针出发逐步走向无偿回收处理,2003年欧盟成员国实行欧盟新的汽车报废政策。德国由全国废旧汽车回收网络的回收企业对废旧汽车进行拆卸、循环、再制造。

德国现有汽车拆解企业4000多家,这些企业都有联邦议会发的执照,其中有1400家由汽车工业协会发执照,汽车零部件回收率已接近100%。

2.2.2 我国汽车零部件逆向物流的发展现状

我国1985年颁布《汽车报废标准》,1990年颁布《汽车零部件回收实施办法》,2001年颁布《汽车零部件回收管理办法》、《汽车零部件回收企业总量控制方案》,2006年颁布《汽车产品回收利用技术政策》,2008年颁布《报废汽车零部件回收拆解企业技术规范》(GB 22128—2008)等政策法规。

但从现阶段我国汽车零部件回收现状看,形势不容乐观。2008年3月,汽车零部件再制造试点启动,国家首批选取包括济南复强、一汽、江淮、奇瑞在内的14家企业作为再制造试点。目前我国正规的拆车企业有1000多家,从业人员5万多人,其中60%~70%的企业年拆解回收量在100辆以下。回收拆解企业处理能力小,不可避免有汽车零部件倒买倒卖的现象,由于存在许多非法回收企业倒卖、拼装,大量应该报废的机动车流入二手车市场或贫困地区,扰乱了车辆报废市场,造成无序经营和市场混乱,导致我国每年实际回收汽车零部件的数量较少,回收率较低。

另外,我国汽车零部件回收的环保要求低,对拆解场地没有要求,不易处理的材料(如塑料、橡胶、废油等)随意堆放、倾倒、燃烧,对于无价值的废弃物仍采用掩埋的方式,严重污染了土壤和地下水资源。

2.2.3　国内外汽车零部件逆向物流的现状比较

通过比较国内外废旧汽车零部件逆向物流的发展现状,可以看出我国废旧汽车零部件逆向物流起步较晚,许多方面还不完善,存在的问题主要体现在国民环保意识淡薄,国家的政策法规不健全,回收处理技术落后,废旧汽车零部件回收市场混乱等方面。

(1)国民环保意识淡薄。我国国民的资源节约和环保意识比较淡薄,对汽车逆向物流的意义和作用认识不足,从汽车制造企业到消费者,都缺乏对绿色制造和绿色消费的理解。由于缺乏环保意识,人们对废旧汽车的废弃物处理不当,造成大量的二次污染,给生态环境带来严重的不良影响。

(2)政策法规不健全,执行不到位。美、日、德三国均以立法的形式规定了汽车制造商有回收汽车零部件的义务,并规定了对汽车零部件的回收标准和回收率,对拆解企业也有具体的要求。而我国虽然制定了相应的废旧汽车回收管理法律法规,但与国外发达国家相比仍不够完善,致使再生资源的回收利用责任不明确,行业管理混乱。此外,即使是现有的法律法规也没有得到有力实施,这是我国废旧汽车逆向物流发展缓慢的重要原因之一。

(3)回收处理技术落后,从业人员素质低。我国对废旧汽车拆解业的科技投入严重不足,导致技术装备落后,拆解手段原始。回收拆解企业主要靠出售废钢铁获利,采取破坏性拆卸手段,废料成分混合,再生利用价值低,造成零部件回收利用率低、回收利用的附加值低。

(4)废旧汽车回收市场混乱。国外发达国家已通过法律规定了汽车制造企业有回收汽车零部件的义务,回收渠道较为规范。并且许多制造商将废旧汽车的逆向物流作为企业的另一利润源泉,形成了完善的逆向物流系统。我国废旧汽车回收拆解企业数量多,规模小,存在个体经营现象,离汽车回收产业化发展水平还有很大距离。再加上回收企业的资质认证控制不严格,造成恶性竞争,增加了回收成本,很大程度上制约了废旧产品回收拆解业的进步与发展。同时我国投资于废旧汽车逆向物流的资金较少,废旧汽车回收网络处于起步阶段,尚未建立起完善的逆向物流网络和有效的逆向物流信息系统。

2.3　汽车零部件再制造逆向物流体系建设

汽车零部件再制造逆向物流是逆向物流的重要组成部分,它是指以汽车零部件再制造生产为目的,为重新获取废旧发动机的利用价值,使其从消费者到汽车零部件再制造生产企业的流动过程。对于汽车零部件再制造企业来说,通过完善的逆向物流体系获得足够的生产"毛坯"是实施汽车零部件再制造的生命线。

2.3.1 汽车零部件再制造逆向物流流程

由于旧发动机本身原特性,如低价值、无包装、易污染、汽车零部件再制造厂等,其回收过程通常不能采用正向物流中运输、分类等方式。而且,不同的末端产品由于使用时间、工作环境及报废原因等状况的不同,决定了其品质具有明显的个体性,不像新品刚出厂时具有统一的逆向物流标准。这些都为其物流系统的建设增加了难度。

图 2.3 所示为包含汽车零部件再制造的物流闭环供应链模式图。汽车零部件再制造的逆向物流体系包括了图 2.3 中的逆向物流与汽车零部件再制造产品流。汽车零部件再制造逆向物流并不是孤立存在的,它与传统正向物流共同构成产品的闭环供应链。

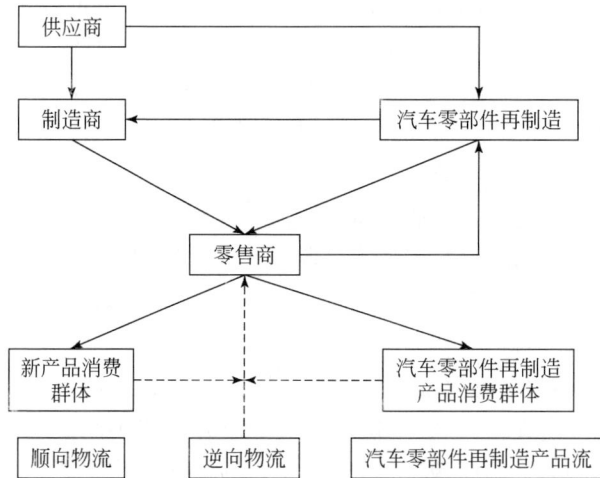

图 2.3 包含汽车零部件再制造的物流闭环供应链模式

2.3.2 汽车零部件再制造逆向物流的特点

与传统的制造物流活动相比,汽车零部件再制造逆向物流具有以下特点:一是回收产品到达的时间和数量不确定;二是维持回收与需求时间平衡的难度大;三是产品的可拆解性及拆解时间不确定;四是产品可汽车零部件再制造率不确定;五是汽车零部件再制造加工路线和加工时间不确定;六是对汽车零部件再制造产品的销售需求不确定。

汽车零部件再制造逆向物流具有的不确定性,加大了对其管理的难度,有必要优化控制汽车零部件再制造生产活动的各环节,以降低生产成本,保证产品逆向物流。例如,通过研究影响废旧发动机回收的各种因素建立预测模型,以估计产品的回收率、回收量及回收时间;研究新的库存模型,以适应发动机再制造生产条件下库存的复杂性;研究新的拆解工具和拆解序列,以提高产品的可拆解性和拆解效率;研究废旧产品的剩余寿命评估技术和评价模型,以准确评价产品的可汽车零部件再制造性等。

2.3.3　汽车零部件逆向物流流程分析

末端产品的汽车零部件再制造是最优化的资源化形式。汽车零部件再制造对逆向物流的要求不同于以材料回收为特点的再循环过程。汽车零部件再制造要求物流中保证末端产品的相对完好性,对废旧产品的包装要求高;而再循环则需要减少末端产品的运输体积,可以预先根据材料的种类进行拆解分类等。

根据汽车零部件再制造对毛坯要求的特点,逆向物流体系中末端产品的流动过程如图 2.4 所示。

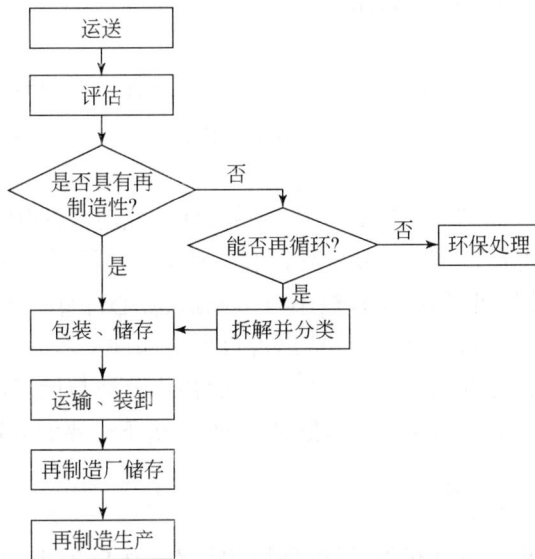

图 2.4　再制造逆向物流流程图

由图 2.4 可知,末端产品在被用户认定报废后,通过用户运送或者以服务站服务人员收集的形式送达旧机库。根据产品的品质和法规规定等情况,采用合适的付费方式。例如,济南复强动力有限公司是由服务站销售再制造发动机,客户交押金,将再制造发动机更换旧发动机,将旧机运送至复强动力公司旧机库,进行评估,决定折价金额,最后与客户进行结算。

旧机库对末端产品的品质评估,并根据目前旧机库处理水平,对其处理方式进行初步评价。首先决定产品是否具有可汽车零部件再制造性,如有,则对旧发动机进行合适的包装和储存;如不具有汽车零部件再制造价值,则评估其是否具有可再循环性,如果有,则进行必要的拆解、分类,减少产品体积,明确运送目的,将相同材料的零件包装后储存;如不具备资源化价值,则直接进行环保处理。

旧发动机形成批量后,根据汽车零部件再制造厂的需求情况,及时输送,以保证汽车零部件再制造工厂生产中对旧发动机的需求。

在我国逆向物流发展初期,存在着各种不同的处理模式,但目前中国的资源化工厂主要是再循环处理模式,大多尚未形成完善的回收体系,末端产品主要通过社会不同层次收购人员收集,这增加了末端产品的逆向物流、数量的不确定性,给企业生产规划的制定带来了困难。

2.4　汽车零部件再制造逆向物流的管理环节

根据汽车零部件再制造逆向物流流程的特点,对汽车零部件再制造逆向物流的管理主要包括以下几个主要环节。

1)回收

回收是指用户将所持有的旧发动机通过有偿的方式返回发动机再制造公司,再由旧机库运送到再制造拆解车间的活动。回收包括收集、运输、仓储等活动。

2)初步分类、储存

根据发动机的产品结构的特点以及各零部件的性能,对回收发动机进行测试分析,并确定可行的处理方案,主要评估回收发动机的可再制造性。经评估后的退役产品分为三类:整机可再制造、整机不可再制造、核心部件可再制造。对发动机核心部件可再制造的要进行拆解,挑选出可再制造部件。然后将可再制造和不可再制造的产品及部件分开储存。对回收产品的初步分类与储存,可以避免将无再制造价值的产品输送到汽车零部件再制造企业,减少不必要的运输,从而降低运输成本。

3)包装、运输与仓储

回收的旧发动机一般具有脏、污染环境的特点,为了装卸搬运的方便,并防止发动机污染环境,要对回收发动机进行必要的捆扎、打包和包装。对回收发动机的运输,要根据物品的形状、单件重量、容积、危险性、变质性等选择合理的运输手段。对于原始设备制造商的汽车零部件再制造体系,由于汽车零部件再制造生产的时效性不是很强,因此可以利用新发动机销售的回程车队运送回收发动机,以节约运输成本。

2.5　汽车零部件再制造的仓储管理

仓储是逆向物流的重要组成部分,也是汽车零部件再制造企业的一项昂贵的投资,其目的是为了保持生产的连续进行和满足客户的需求。良好的仓储管理能够提升企业资金使用效率和周转速度,增加投资收益,同时提高物流系统效率、增强企业竞争力。

仓储的经济意义在于支持生产、提供货物和满足客户需求。加强汽车零部件再制造仓储管理的意义为:一是平衡供求关系。由于回收品到达的数量、逆向物流和时间的不确定,以及客户对汽车零部件再制造发动机需求的不确定,需要通过仓储以缓冲对回收品和汽车零部件再制造发动机的供求不平衡。二是实现汽车零部件再制造企业规模经济。汽车零部件再制造企业如果要实现大规模生产和经营活动,必须具备废旧发动机回收、汽车零部件再制造加工、再投入发动机的销售等系统,为使得这一系统有效运作,拥有适当的仓储十分必要。三是帮助逆向物流系统合理化。汽车零部件再制造企业在建立仓储时,考虑到物流各环节的费用,要合理选择有利地址,减少"汽车零部件再制造毛坯"至仓库和发动机从仓库至客户的运输费用,这样可以有效节约费用和节省时间。

废旧发动机在回收过程中及回收到汽车零部件再制造企业以后,仓储管理是十分复杂的,既要考虑外购原材料、半成品以及在制零部件的临时仓储,又要考虑回收品、拆解过程中发动机以及汽车零部件再制造产生的成品仓储(见图 2.5)。同时,还要考虑回收品的回收率(数量)、逆向物流和及时性对仓储的影响,因为生产者对此没有控制的能力。如何将制造过程中的仓储和汽车零部件再制造过程中的仓储集成起来是一个急需解决的问题。

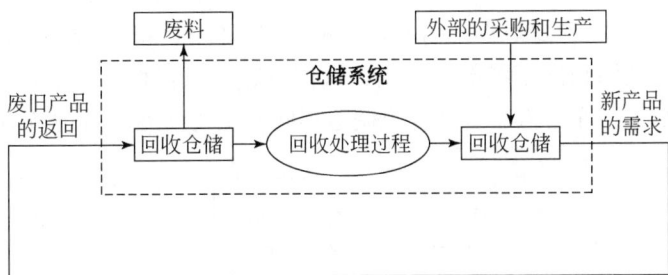

图 2.5　汽车零部件再制造仓储模型

汽车零部件再制造仓储的管理工作主要有:

(1)建立能够对原材料需求提供可视的系统和模型。

(2)建立汽车零部件再制造的批量模型,充分考虑原材料匹配限制和策略。

(3)研究汽车零部件再制造对物流需求计划的影响问题。

(4)在考虑废旧发动机返回率情况下,建立仓储、生产的联合模型。

(5)建立充分考虑返回发动机的大批量仓储模型。

2.6　汽车零部件再制造生产计划管理

就生产制造过程而言,汽车零部件再制造与传统的生产过程没有区别。但汽车零部件再制造包含着大量的不确定性因素,特别是在要求拆解工作在制造之前完成的情况下,汽车零部件再制造生产任务的安排确实很困难。分解的程度和回收物流的到达时间、逆向物流和数量的不确定性增加了生产任务安排的难度。不同零部件之间高度的相互依赖性导致必须对生产的过程进行协调,当几个零件同时需要用同一设备时,设备的能力将会出现问题。即便在技术上可以解决不同回收发动机的汽车零部件再制造问题,但经济上是否可行,还需要进行评估。汽车零部件再制造生产任务的安排需要解决以下问题:

①拆解的可行性评估模型。

②拆解和重新组装过程的协调性。

③拆解的工艺路线,重新装配工艺的调度,车间计划的编排问题。

④汽车零部件再制造的批量模型。

⑤汽车零部件再制造的主生产计划模型。

图 2.6 描述了汽车零部件再制造工厂的基本组成要素。一个汽车零部件再制造工厂一般至少由三个独立的子系统组成:拆解车间、汽车零部件再制造车间和重新组装车间。在对汽车零部件再制造生产进行计划和控制时,必须全面考虑到这三个领域的复杂性。拆解车间的主要任务是完成回收发动机的拆解,同时还包括清洗和检测等工作,通过对拆解后的发动机或零部件的性能评估,确定哪些废品或零部件具有再利用和汽车零部件再制造价值,然后让这批废品或零部件进入到汽车零部件再制造程序。汽车零部件再制造车间的主要任务是将拆解后的零部件恢

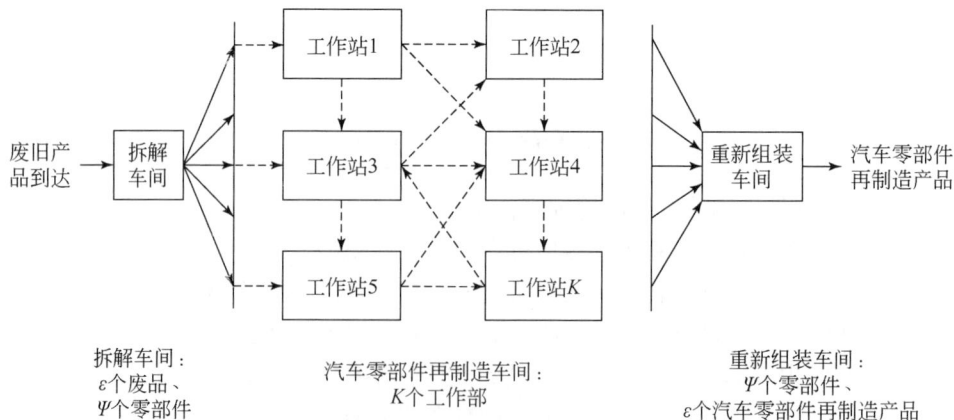

图 2.6　汽车零部件再制造工厂的基本组成要素

复到新的状态,其中还包括通过更换一些小的零部件达到恢复发动机性能的目标。在汽车零部件再制造过程中,不同的工位或者工作间所完成的工作可能不一样,因此会涉及零部件的运输和工作位置的选择以及工作的顺序过程的安排。重新组装过程是将恢复的零部件重新组装为成品。

汽车零部件再制造生产任务的安排主要是为了使"汽车零部件再制造毛坯"顺利地从一个子系统到达另一个子系统,保证各子系统生产任务的协调。复杂的发动机结构必须选择合适的分解方案以及对分解零部件的处理方法;必须在分解、汽车零部件再制造加工和原材料回收价值之间找到一种平衡,采用数学优化的方法建立平衡公式。同时,回收发动机分解计划在决定分解费用最小化、分解过程自动化以及分解发动机逆向物流的最优化方面都要发挥很大作用。

2.7　汽车零部件再制造逆向物流体系存在的问题及对策

针对我国汽车零部件逆向物流发展现状及存在的问题,本着以政府为主导、企业为主体的原则,提出以下发展策略,以更好地加快我国汽车零部件逆向物流的发展。

1. 提高对汽车零部件再制造逆向物流意义的认识

抓住我国建设资源节约型、环境友好型社会的大好时机,加大废旧汽车逆向物流的宣传力度,力争让老百姓们都了解废旧汽车零部件逆向物流的意义和作用,提高人们对汽车零部件逆向物流重要性的认识。从长远来看,主要通过广播、电视、报刊、网络等方式向消费者宣传,养成人人自觉绿色消费的习惯,抵制那些造成环境污染严重、能耗大的产品,同时自觉遵守国家的相关法规,通过正规途径报废车辆。

2. 健全汽车零部件再制造逆向物流法律法规及管理体系

应加快制定和完善汽车零部件逆向物流的相关法律法规,以立法的形式要求汽车企业对自己所生产的产品整个生命(生产、使用、维修、回收)周期负责,明确各个环节的法律责任,依法管理,杜绝各种违法行为的发生。

其次,制定相关优惠政策鼓励企业实施汽车逆向物流,比如在税收、货款方面对实施汽车零部件逆向物流的企业进行倾斜,实施政策补贴;鼓励企业建立大型零部件回收网络及回收加工基地,提高废旧汽车回收利用率;建立专门的逆向物流管理监督机构规范行业行为。

3. 建立完善的汽车零部件再制造逆向物流系统

汽车零部件回收的难度大,很大程度上是由回收汽车零部件的分散性和不确定性决定的。将汽车零部件从终端消费者手中转移到专业处理中心(核心拆解企业)的运输成本很高,而且各个企业分别建立回收网络的成本极高。对汽车零部件的回收处理涉及汽车生产商、汽车分销商、消费者、二手市场及汽车零部件回收中心,这些企业或个体分别在物流的各个环节发挥着价值回收增值作用,相互协调,形成了各主体之间的价值关系网络。

在汽车回收网络建设方面,我国可以借鉴德国经验,建立全国汽车联合回收网络。联合回收网络不仅要整合单个汽车的正向物流和逆向物流网络,而且要最大限度地将各个企业的网络整合。专业回收处理中心是进行汽车回收逆向物流的重要结点,它是逆向物流和技术结合的产物,其利用汽车专有技术对废旧汽车进行及时有效的处理,将汽车零部件处理后合理配送到最需要的地点,使汽车零部件的价值再现最大化和对环境影响最小化。在建立完善的汽车零部件逆向物流网络的同时,应建立一套相对应的逆向物流信息系统。这些数据对企业自身的发展和行业的发展决策将是最基础的数据支持。

2.8　汽车零部件再制造逆向物流体系的应用

通过汽车零部件逆向物流体系的应用,推进新的管理理念的应用,推动企业积极履行社会责任,厉行节能减排,逐步提高汽车零部件的再制造旧件利用率。

2.8.1　企业再制造逆向物流体系应用的经济及社会效益分析

截至 2015 年底,旧件利用率已经达到 84%,废旧资源综合利用率得到显著提升。2015 年产销再制造发动机 1.5 万台,与旧机回炉相比节能 1551.4 万度,相当于节约 5976.4t 标准煤,减少二氧化碳排放 681.8t,利用废旧金属 1.1 万 t。

汽车零部件的主要材料为钢铁、铝材和铜材。当汽车零部件达到报废标准,传统的资源化方式是将发动机拆解、分类回炉,冶炼、轧制成型材后进一步加工利用。经过这些工序,原始制造的能源消耗、劳动力消耗和材料消耗等各种附加值绝大部分被浪费,同时又要重新消耗大量能源,造成了严重的二次污染。而通过对废旧发动机及其零部件进行再制造,一是免去了原始制造中金属材料生产和毛坯生产过程的资源、能源消耗和废弃物的排放,二是免去了大部分后续切削加工和材料处理中相应的消耗和排放。

根据公司的实际生产情况统计,再制造 1 万台废旧发动机耗能 $1.03 \times 10^7 \text{kW} \cdot \text{h}$,与再循环相比,其耗能仅为 1/15;与新发动机制造相比,年再制造 1 万台斯太尔发动机,可以节省金属 7.65kt,回收附加值 3.23 亿元,提供就业 500 人,并可节电 $1.45 \times 10^8 \text{kW} \cdot \text{h}$,获利税 0.29 亿元,减少 CO_2 排放 0.6kt,基本实现了再制造全过程无废水、废气排放。

通过逆向物流体系的建设与应用,公司形成了一套处于国际领先地位、先进成熟的发动机再制造工艺,确定了以高新技术为支撑、产学研相结合、既循环又经济的自主创新的再制造模式。即旧件严格的检测鉴定程序,先进的自动化表面再制造技术实施体系,生产过程的清洁生产意识和措施,确保了再制造产品质量、提升了再制造节能减排效率,基本实现了再制造全过程无废水、废气排放。总体降低了再制造成本,获得了显著的经济效益和节能、节材、环保等社会效益。

2.8.2　逆向物流体系建设对公司再制造产业发展的巨大作用

汽车零部件再制造体系的建设推动了公司再制造生产、技术、销售、质量等各方面工作的开展。使复强公司具备了先进的“绿色”拆解、环境友好的清洁生产技术手段;具备了发动机再制造零部件和再制造工艺过程个性化管理的仓储信息化管理手段。已经发展成为国内一流,国际先进,资源利用率居于前列的专业化发动机企业。

在汽车零部件逆向物流体系的推广应用过程中,公司共产销再制造发动机 5 万余台,与旧机回炉相比再制造 5 万台发动机共实现节能 5382.36 万度,相当于节约 1.94 万 t 标准煤,减少二氧化碳排放 2669.25t,利用废旧金属 3 万余 t,提供劳动就业岗位 400 余人。

2.9　逆向物流体系建设的前景与展望

再制造产业经过“十一五”的发展,已经取得了一定的成绩。如今的企业已经从“十一五”初期的两家,发展到如今的 73 家国家级试点单位,产品范围涵盖汽车零部件、工程机械、矿山机械、打印耗材、办公用品、煤炭机械、机床等九大领域,再制造产业在国内发展迅速,前景广阔。

2.9.1　国家良好的政策环境

我们应当看到,再制造产业的发展与国家良好的政策环境是分不开的。2005 年,国务院颁发的 21 号和 22 号文件中均指出:国家将大力“支持废旧机电产品再制造”,并把“绿色再制造技术”列为“国务院有关部门和地方各级人民政府要加大经费支持力度的关键、共性项目之一”。

2005 年,国家发改委、环保总局、科技部等六部委联合下发了关于开展循环经济示范试点的通知,复强公司等 154 家单位被列为循环经济首批试点单位,进行循环经济方面的实践和探索工作。

《国家中长期科学和技术发展规划纲要(2006～2020 年)》将“在重点行业和重点城市建立循环经济的技术发展模式,为建设资源节约型和环境友好型社会提供科技支持"作为我国科学技术发展的重要目标。绿色制造是《国家中长期科学和技术发展规划纲要(2006～2020年)》明确的制造业领域发展的三大思路之一。

2008年国家发改委组织汽车行业内的14家企业开展汽车零部件再制造试点工作,2009年工信部组织行业内的35家单位开展机电产品的再制造试点工作,再制造行业在国内相关部委的支持下得到快速发展。

《中华人民共和国循环经济促进法》于2009年1月正式生效。该法在第2、第40及第56条中六次阐述再制造,标志着再制造已进入国家法律。该法第40条指出:"国家支持企业开展机动车零部件、工程机械、机床等产品的再制造。"

2009年12月8日,温家宝总理对再制造产业做出重要批示:"再制造产业非常重要,它不仅关系循环经济的发展,而且关系扩大内需(如家电、汽车以旧换新)和环境保护。再制造产业链条长,涉及政策、法规、标准、技术和组织,是一项比较复杂的系统工程"。再制造已被列为支撑循环经济发展的战略新兴产业之一。大力发展再制造理论和技术,对推动我国再制造产业发展意义重大。

2010年5月,国家发改委、科技部、工信部、公安部、财政部、商务部等11个部委联合下发《关于推进再制造产业发展的意见》,指导全国加快再制造的产业发展,并将再制造产业作为国家新的经济增长点予以培育。

2011年《中华人民共和国国民经济和社会发展第十二个五年规划纲要》第二十三章大力发展循环经济中明确指出"完善再生资源回收体系,加快建设城市社区和乡村回收点、分拣中心、集散市场'三位一体'的回收网络,推进再生资源规模化利用。加快完善再制造旧件回收体系,推进再制造产业发展"。

截至2012年底,我国汽车零部件再制造产品产销量突破13万台套,产值突破20亿元。预计到"十三五"末,我国报废汽车量将达到900万辆再制造产品范围将从最初的发动机、变速箱、起动机、发电机等四大领域逐步拓展到转向器、助力泵、机油泵、空压机、增压器等11个产品细分领域,汽车零部件再制造产品的年产销量将突破150万台套,产值将达到210亿元。

2013年,国务院出台《国务院关于印发循环经济发展战略及近期行动计划的通知》,提出"十一五"循环经济发展取得的主要成效:汽车零部件再制造技术已达到国际领先水平。

2013年,国家发改委等部委出台《关于印发再制造产业"以旧换再"试点实施方案的通知》正式启动再制造产品"以旧换再"试点工作。

2015年,《中国制造2025》提出"大力发展再制造产业,实施高端再制造、智能再制造、在役再制造,推进产品认定,促进再制造产业持续健康发展"。

一系列国家级政策的制定、颁布和实施为汽车零部件再制造体系的推广应用起到了良好的推动作用。良好的政策环境必将促进再制造产业的发展壮大,而产业发展壮大的同时对管理体系的需求也会随之增加,汽车零部件逆向物流体系推广应用的步伐必将加快。

2.9.2　迅猛发展的再制造行业对逆向物流体系的巨大需求

1. 汽车零部件逆向物流体系的建设与应用是适应国内外再制造产业发展的需要

国外工业发达国家再制造产业发展已经形成相当大的规模,已经形成一定的逆向物流基础,特别是对逆向物流体系建设和再制造技术体系建设等方面的管理,有力地推动了再制造产业的发展。但是,国外企业在进行再制造生产过程中,管理手段相对单一,主要以制造企业的管理模式为主,导致在管理体系执行的过程中效率低下,无论是在质量控制、再制造旧机的管理,还是在再制造产品的机械加工等方面都显得力不从心,难以推动再制造产业的发展。我国的再制造产业刚刚起步,再制造相关管理模式和管理体系尚处于研究阶段,还未形成体系,针对产业化发展的管理模式和管理体系尚处于空白阶段。

汽车零部件逆向物流体系的建设,瞄准再制造产业管理体系匮乏的问题,逐步取代制造业的管理模式,达到国际领先或先进水平,对于解决制约汽车再制造产业形成和发展的管理体系问题具有重要意义。

2. 汽车零部件再制造体系的建设适应了我国汽车工业发展的需要

近年来,我国汽车社会保有量快速增长,社会将报废和淘汰大量的老旧汽车。汽车零部件再制造作为资源再利用的重要手段,发展的需求前景十分广阔。

同时,再制造发动机质量远远优于当前的"大修"发动机,再制造过程中的资源消耗远远低于当前的"大修"发动机。根据国外的经验和我国构建循环经济的要求,以再制造发动机逐步取代"大修"发动机是未来必然的发展趋势。

据统计,2008 年底我国汽车零部件再制造的比例约为报废车辆的 1%。截至2015 年底,报废汽车达 900 万辆,汽车零部件再制造比例可达到报废车辆的 10%,再制造发动机达到 90 万台,产值可达到 50 亿元。2015 年底大修发动机数量约为1600 万台,若再制造取代配件市场大修总量的 30%,可再制造 480 万台。

因此说,针对未来我国汽车工业和配件市场,将对易损件的更换,旧型号产品再制造部件用于原产品的装配,更新换代快的产品的再制造以及部分长寿命小批量特殊部件的再制造存在巨大的需求。同时,也可促进新兴产业链(如再制造产业链)的形成和发展,形成新的经济增长点,吸纳各技术层次的就业人员,有利于缓解社会就业压力。

总体上,汽车零部件逆向物流体系的研究内容填补了该行业的空白,形成了以高新技术为支撑,既循环又经济的自主创新的中国再制造产业新模式。引进了物理清洗处理设备、循环水处理系统、自动化台架试验设备等一批先进的技术及设备,使生产效率提高的同时,提升了绿色生产水平;建立了完善的信息化物流管理系统,实现了发动机再制造的物流信息化管理。解决了国外再制造旧件利用率低等核心问题,确保再制造装备零部件的性能质量达到甚至超过原型新品,同时实现了再制造全过程无废水、废气排放。形成具有示范性、可推广应用的汽车零部件逆向物流体系。

2.9.3　汽车零部件再制造逆向物流体系的完善与推广

目前,国外发达国家配件市场 80％是再制造产品,美国再制造产业规模超过800 亿美元。我国作为装备生产及使用大国,设备资产规模巨大,汽车、工程机械、机床等社会保有量快速增长,如 2015 年汽车保有量达 1.7 亿辆,机床保有量达1100 多万台,14 种主要机型工程机械保有量达 700 万台。其中大量装备将被淘汰和报废,新增的报废装备还在大量增加。再制造作为资源再利用的重要手段,发展的需求前景广阔。

目前,国家批准的 153 家再制造产业试点单位均以复强公司的再制造模式作为示范样板。中国机械工程学会、国家发展和改革委员会和工业和信息化部分别在复强公司召开现场会议,介绍汽车零部件再制造模式与技术应用情况,受到国内企业的广泛关注。目前,一汽、东风、潍柴、奇瑞、千里马等品牌的企业纷纷制定规划引进复强公司的再制造产业模式。因此说,管理成果将对我国再制造产业起到重要的推动作用。

同时,管理体系的成果今后可在汽车、机床、工程机械、农用机械、矿山机械、化工冶金等领域进行推广应用,必将产生更为显著的节能减排效益,并将在应对全球气候变化中发挥重要作用。

国家发改委及汽车工业协会组织的再制造产品市场调研活动,先后赴安徽、上海、浙江、湖南、广东、湖北、河南、山东、广西等地,对我国再制造试点企业和部分其他类型的企业进行了调研,初步了解了我国再制造产业发展的现状与存在的主要问题。同时,在这些企业宣传和交流汽车零部件逆向物流体系的建设成果,提高试点企业对再制造的认识和了解,加强了成果宣传和推广力度,逐步推动再制造产业的做强做大。

第3章 汽车发动机再制造

汽车发动机再制造是汽车零部件再制造中最核心、最重要的内容。其工业过程复杂、缜密，既具备制造工业的共性，又兼具再制造产业的特点。从广义上概括就是将报废汽车发动机恢复到新机状态，即在工业环境中通过一系列工业过程和技术手段，将发动机安全解体，可用零部件在彻底清洗、修正后入库，根据生产需要补充一部分新零部件，将新旧零部件装配成新机，并严格按照新机技术要求进行检测和试验，合格品以新机要求进入市场的过程。

从狭义上看，汽车发动机再制造是一个庞大产业链的整合。以发动机零部件中附加值高、易磨损失效、结构复杂的缸体、缸盖、曲轴、连杆、空压机、喷油泵、机油泵等关键零部件为对象，普遍采用绿色清洗、无损检测、寿命评估和表面工程等共性关键技术，搭载相应设备专机，完成一系列平面、轴、孔、齿类等的再制造，整体性能指标和安全指标不低于原型新品的工业过程。

3.1　发动机再制造工艺流程

发动机再制造工艺过程就是运用再制造技术条件对废旧发动机进行加工，生成规定性能再制造机的过程，其中包括拆解、清洗、检测、加工、零件测试、装配、整机磨合试验、喷涂包装等步骤，如图3.1所示。该工艺中还包括重要的信息流。例如，通过清洗后，检测统计到某类零部件损坏率较高，或恢复价值较小，低于检测及清洗费用，则对该类零部件在再制造中直接丢弃，减少清洗等步骤，以提高生产效率；也可以在需要的情况下，对该类零部件进行有损拆解，以保持其他可利用性较高的零部件的完好性。并通过建立整机测试性能档案，为售后服务提供保障。

```
                    ┌─────────────────┐
                    │  发动机进厂接收   │
                    └────────┬────────┘
                             │
                    ┌────────┴────────┐      ┌──────────────────┐
                    │   拆解、清洗     │─────▶│ 易损件收集、做循环 │
                    └────────┬────────┘      │ 处理、拆解、清洗   │
                             │               └──────────────────┘
                    ┌────────┴────────┐      ┌──────────────────┐
                    │ 检验、鉴定、防锈  │─────▶│  不合格品做循环处理 │
                    └────────┬────────┘      └──────────────────┘
                             │
                    ┌────────┴────────┐
                    │  特制品中间库    │─────────────────┐
                    └────────┬────────┘                 │
  ┌──────────────┐          │                           │
  │ 热处理、表面处理│          │                           │
  └──────┬───────┘          │                           │
         ▲                  │                           ▼
  ┌──────┴───────┐  ┌──────┴────────┐      ┌──────────────────┐
  │   综合加工    │◀─│  零部件再制造  │─────▶│   电器类附件处理   │
  └──────────────┘  └──────┬────────┘      └─────────┬────────┘
```

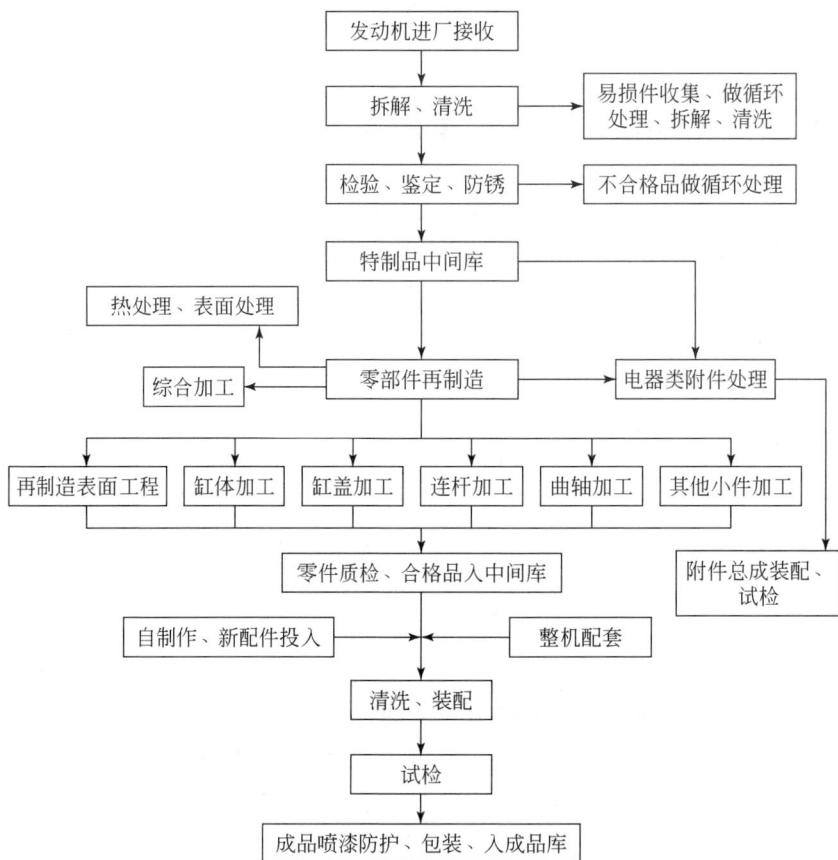

图 3.1　发动机再制造流程图

3.2　发动机再制造技术

从广义上来看，当前发动机再制造技术主要有两大流向。一是以欧美国家为代表的减尺寸法，二是国内大多数企业采用的恢复尺寸法。而按照发动机再制造生产流程逐级分析，并对国内发动机再制造企业的实践经验进行总结，发动机再制造技术在狭义上大体可概括为图 3.2 中所示的几种类型。

3.2.1　拆解技术

1. 概述

废旧发动机拆解是再制造过程中的重要工序，科学的拆解工艺能够有效保证

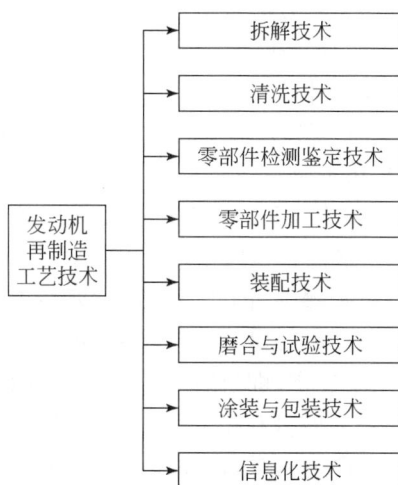

图 3.2 发动机再制造技术

发动机零部件的质量性能、几何精度,并显著减少再制造周期,降低再制造费用,提高再制造产品质量。拆解作为实现有效再制造的重要手段,不仅有助于零部件的重用和再制造,而且有助于实现发动机的高品质回收。

拆解是将废旧发动机有规律、按顺序分解成全部零部件的过程,同时保证满足后续再制造工艺对零部件的性能要求,基本拆解流程如图 3.3 所示。拆解后的零部件可分为三类:一是可直接利用的(指经过清洗检测后不需要再制造加工可直接再制造装配中应用);二是可再制造的(指通过再制造加工可以达到再制造装配质量标准);三是直接报废的(指无法进行再制造或直接再利用,需要进行材料再循环处理或者其他无害化处理)。

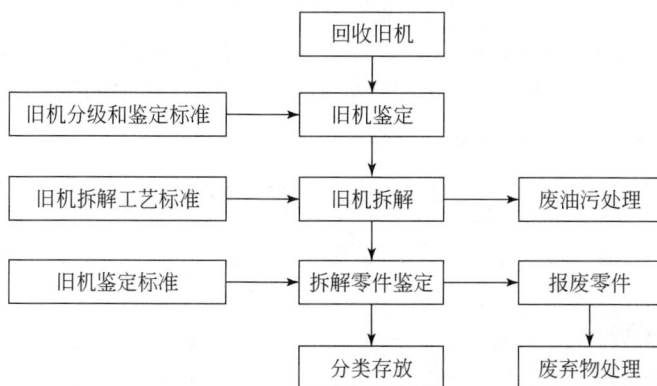

图 3.3 再制造发动机拆解流程

发动机拆解主要可按照以下方法进行分类：

(1)按拆解方法可分为破坏性拆解、部分破坏性拆解和非破坏性拆解。目前，对拆解的研究主要集中于非破坏性拆解。

(2)按拆解程度可分为完全拆解(指将一个产品完全拆解至每一个单个的零件)、部分拆解(指将发动机中的部分零部件进行拆解)和目标拆解(对发动机中指定的零件或部件进行拆解)。传统型废弃发动机再制造需要完全拆解，但对于功能落后的发动机采取再制造升级时也可以采取部分拆解或目标拆解。

再制造拆解是按照一定步骤进行的，而且通常要在不同的再制造职能部门将发动机完全解体，拆解出所有的零部件。但发动机拆解并不是一定要拆解到完全的程度，要根据经济性评估来确定，即拆解费用要少于获得零部件的再利用价值。如果拆解费用高于获得的零部件再利用的价值，则可以采取整件更换的方式再制造，或者采用破坏性拆解，至保留相对高附加值的核心件。因此拆解过程关系到拆解的经济性评估问题。再制造拆解的经济性是由诸多因素决定的，如随着拆解步骤的增加，获得的零部件数会提高，可再制造的零部件数也在增多，由此带来的拆解回收利润也在增加。然而对于难以分离的零部件，拆解的难度较高，回收的利润也相应较低，这时，拆解的经济性也较差。因而，要对拆解所带来的回收利润与拆解成本进行比较，当拆解的经济性逐渐降低的时候就应当停止拆解过程。

2. 拆解原则

拆解的目的是为了便于零件清洗、检查、再制造。由于发动机的构造各有特点，零部件在重量、结构、精度等各方面都存在差异，因此若拆解不当，将使零部件受损，造成不必要的浪费，甚至无法再制造利用。

3. 拆解特点

拆解作为实现有效回收策略的重要手段，不仅有助于实现材料的回收，而且有助于零部件的重新利用和再制造。最初，面向拆解的回收设计是借鉴面向装配设计的思想，将拆解作为装配的逆过程来处理的。但是随着研究的深入，逐渐发现两者之间存在许多不同之处，如表 3.1 所示。

表 3.1　拆解与装配的比较

因素	拆解	装配
分析目标	不唯一	唯一
分析中考虑其他问题	很多	多
敛散性	发散的	收敛的
生产环境	动态受限的	动态受限的

因素	拆解	装配
应用的阶段范围	维修、回收阶段	生产制造阶段
设计准则	面向拆解的设计	面向装配的设计
物流流向	逆向	正向
现有的分析工具	基本没有	较多
分析前产品状况	不确定	确定
生产方式	手工拆解为主	自动化流水线
工艺描述方法	缺乏合适的描述方法	基本成熟
复杂性	非常复杂	复杂

4. 拆解发展趋势

1）虚拟拆解技术

虚拟拆解技术是虚拟再制造的重要内容，是实际再制造拆解过程在计算机上的本质实现，指采用计算机仿真与虚拟现实技术，实现再制造产品的虚拟拆装，为现实的再制造拆装提供可靠的拆装序列指导。需要研究建立虚拟环境及虚拟再制造拆装中人机协同求解模型，建立基于真实动感的典型再制造产品的虚拟拆装仿真。研究数学方法和物理方法相互融合的虚拟拆装技术，实现对再制造拆装中的几何参量、机械参量和物力参量的动态模拟拆装。

2）清洁拆装技术

在传统的拆装过程中，拆解过程的不精确导致拆装工作效率低、能耗高、费用高、污染大。因此，需要研究选用清洁生产技术及理念，制定清洁拆装生产方案，实现清洁拆装过程中的"节能、降耗、减污、增效"的目标。清洁拆装方案的制定需要：研究拆装管理与生产过程控制，加强工艺革新和技术进步，实现最佳清洁拆装程序，提高最大化拆装水平；研究在不同再制造方式下，发动机的拆装序列、拆装模型的生产及智能控制，形成精确化拆装方案，减少拆装过程的环境污染和能源消耗；加强拆装过程中的物流循环利用和废物回收利用。

3.2.2　清洗

1. 概述

清洗是借助于清洗设备将清洗液作用于工件表面，采用机械、物理、化学或电化学方法，去除装备及其零部件表面附着的油脂、锈蚀、泥垢、水垢、积炭等污物，并使工件表面达到所要求清洁度的过程。表 3.2 为汽车产品使用中产生的污垢。

表 3.2　汽车产品使用中产生的污垢

污垢种类		存在位置	主要成分	特性
外部沉积物		零件外表面	尘埃、油泥	容易清除，难以除净
润滑残留物		与润滑介质接触的各零件	老化的黏质油、水、盐分、零件表面腐蚀变质产物	成分复杂，呈垢状，需针对其成分进行清除
碳化沉积物	积炭	燃烧室表面、气门、活塞顶部、活塞环、火花塞	碳质沥青和碳化物、润滑油和焦油，少量的含氧酸、灰分等	大部分是不溶或难溶成分，难以清除
	类漆薄膜	活塞裙部、连杆	碳	强度低，易清除
	沉淀物	壳体壁、曲轴颈、机油泵、滤清器、润滑油道	润滑油、焦油，少量碳质沥青、碳化物及灰分	大部分是不溶或难溶成分，不易清除
水垢		冷却系	钙盐和镁盐	可溶于酸
锈蚀物质		零件表面	氧化铁、氧化铝	可溶于酸
检测残余物		零件各部位	金属碎屑、检测工具上的碎屑；汗渍、指纹	附着力小，容易消除
机加工残留物		零件各部位	金属碎屑，抛光膏、研磨膏的残留物，加工后残留的润滑液、冷却液等	附着力不是很大，但需要清洗得较干净

对产品的零部件表面进行清洗是零件再制造过程中的重要工序，是检测零件表面尺寸精度、几何形状精度、粗糙度、表面性能、磨蚀磨损及黏着情况等的前提，是零件进行再制造的基础。零件表面清洗的质量，直接影响零件表面分析、表面检测、再制造加工、装配质量，进而影响再制造产品的质量。

2. 清洗的基本要素

待清洗的废旧零部件都存在于特定的介质环境中，一个清洗体系包括 4 个要素，即清洗对象、零件污垢、清洗介质及清洗力。

1）清洗对象

指待清洗的物体。如组成机器及各种设备的零件、电子元件等。而制造这些零件和电子元件等的材料主要有金属材料、陶瓷（含硅化合物）、塑料等，针对不同清洗对象要采取不同的清洗方法。图 3.4 为汽车退役零件的主要污垢及清理后表面状态。

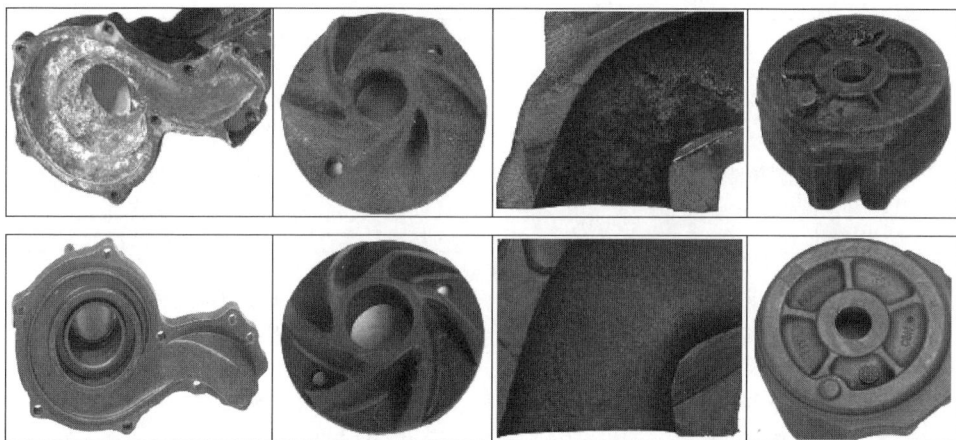

图 3.4　汽车退役零件的主要污垢及清理后表面状态

2）清洗介质

清洗过程中，提供清洗环境的物质称为清洗介质，又称为清洗媒体。清洗媒体在清洗过程中起着重要的作用，一是对清洗力起传输作用，二是防止解离下来的污垢再吸附。

3）清洗力

清洗对象、污垢及清洗媒体三者间必须存在一种作用力，才能使得污垢从清洗对象的表面清除，并将它们稳定地分散在清洗媒体中，从而完成清洗过程，这个作用力即是清洗力。在不同的清洗过程中，起作用的清洗力亦有不同，大致可分为六种力：溶解力（或称分散力）、表面活性力、化学反应力、吸附力、物理力、酶力。

3. 清洗方法

拆解后保留的零件，根据零件的用途、材料，选择不同的清洗方法。清洗方法可以粗略分为物理和化学两类，然而在实际的清洗中，往往兼有物理、化学作用。汽车产品的再制造主要针对金属制品，表 3.3 列出了几种实用的清洗方法。

表 3.3　再制造实用清洗方法

方法	工作原理	清洗介质	优点	缺点
浸泡清洗	将工件在清洗液中浸泡、湿润而洗净	溶剂、化学溶液、水基清洗液	适合小型件大批量；多次浸泡清洁度高	时间长；废水、废气对环境污染严重
淋洗	利用液流下落时的重力作用进行清洗	水、纯水、水基清洗液等	能量消耗小，一般用于清洗后的冲洗	不适合清洗附着力较强的污垢

续表

方法	工作原理	清洗介质	优点	缺点
喷射清洗	喷嘴喷出中低压的水或清洗液清洗工件表面	水、热水、酸或碱溶液、水基清洗液	适合清洗大型、难以移动、外形不适合浸泡的工件	清洗液在表面停留时间短,清洗能力不能完全发挥作用
高压水射流清洗(见图3.5)	用高压泵产生高压水经管道到达喷嘴,喷嘴把低速水流转化成低压高流速的射流,冲击工件表面	水	清洗效果好、速度快;能清洗形状和结构复杂的工件,能在狭窄空间下进行;节能、节水;污染小;反冲击力小	清洗液在工件表面停留时间短,清洗能力不能完全发挥作用
喷丸清洗	用压缩空气推动一股固体颗粒料流对工件表面进行冲击从而去除污垢	固体颗粒	清洗彻底、适应性强、应用广泛、成本低;可以达到规定的表面粗糙度	粉尘污染严重;产生固体废弃物;噪音大
抛丸清洗	用抛丸器内高速旋转的叶轮将金属丸粒高速地抛向工件表面,利用冲击作用去除表面污垢层	金属颗粒	便于控制;适合大批量清洗;节约能源、人力、成本低;粉尘影响小	噪音较大
超声波清洗	清洗液中存在的微小气泡在超声波作用下瞬间破裂,产生高温、高压的冲击波,此种超声空化效应导致污垢从工件表面剥离	水基清洗液、酸或碱的水溶液	清洗效果彻底,剩余残留物很少;对被清洗件表面无损;不受清洗件表面形状限制;成本低;污染小	设备造价昂贵;对质地较软、声吸收强的材料清洗效果差
热分解清洗	高温加热工件使其表面污垢分解为气体、烟气离开工件表面	—	成本低、效率高,能耗低,污染小	不能清洗熔点低或易燃的金属件
电解清洗	电极上逸出的气泡的机械作用剥离工件表面黏附污垢	电解液	清洗速度快,适合批量清洗;电解液使用寿命长	能耗大、不适合清洗形状复杂的工件

(a)实物图　　　　　　　　　　　　　　　(b)高压水射流清洗机

图 3.5　高压水射流清洗系统

3.2.3　再制造加工

1. 概述

退役的发动机都经过了一个寿命周期的使用运转,拆解后,会有大量的零件因磨损、腐蚀、氧化、刮伤、变形等原因失去其原有的尺寸及性能要求而无法再直接使用。针对这些失效的零件,最简单的处理方法就是报废并更换新件,但这无疑会造成材料和资金的消耗。采用合理、先进的再制造加工工艺对这些废旧失效零件进行修复,恢复其几何尺寸要求及性能要求,可以有效地减少原材料及新备件的消耗,降低废旧汽车零部件再制造过程中的投入成本,必要时还可以解决进口备件缺乏的问题。

再制造加工是指对发动机的失效零部件进行几何尺寸和性能恢复或升级的过程。

实际上,在生产中有许多失效报废的金属零部件是可以采用再制造加工工艺加以恢复的。而且在许多情况下,恢复后的零件质量和性能不仅可以达到甚至可以超过新件。例如,采用热喷涂技术修复的曲轴,寿命可以赶上和超过新轴;采用等离子弧堆焊恢复的发动机阀门,寿命可达到新品的 2 倍以上;采用低真空熔覆技术修复的发动机排气门,寿命相当于新品的 3～5 倍。

2. 再制造加工的条件

并非所有的废旧拆解零件都适于再制造加工恢复。一般来说,失效零件可再制造要满足下述条件:

(1)再制造成本明显低于新件制造成本。再制造加工主要针对附加值比较高的核心件进行,对低成本的易耗件一般直接进行换件,但当针对某类发动机再制造时,无法获得某个备件时,则针对该备件的再制造通常不把成本问题放在首位,而通过对该零件的再制造加工来保证整体产品再制造的完成。

(2)再制造件能达到原件的尺寸精度、表面粗糙度、硬度、强度、刚度等尺寸及性能的技术条件。

(3)再制造后零件的寿命至少能维持再制造产品使用中允许的一个最小寿命周期,满足再制造产品性能不低于新品的要求。失效零件本身成分符合环保要求,不含有环境保护法规中禁止使用的有毒、有害物质。环境保护的重视使再制造相对制造过程受到更多的环境法规的约束,许多原来制造中允许使用的物质可能在再制造产品中不允许继续使用,则针对这些违反规定的零件不应进行再制造加工。

失效零件的再制造加工恢复技术及方法涉及许多学科的基础理论,如金属材料学、焊接学、电化学、摩擦学、腐蚀与防护理论以及多种机械制造工艺理论。失效零件的再制造加工恢复也是一个实践性很强的专业,其工艺技术内容相当繁多,实践中不存在一种万能技术可以对各种零件进行再制造加工恢复。相反,对于一个具体的失效零件,往往要复合应用几种技术才能取得良好的效果。

3. 加工方法分类与选择

发动机失效零部件常用的再制造加工方法可以按照如图 3.6 所示进行分类。

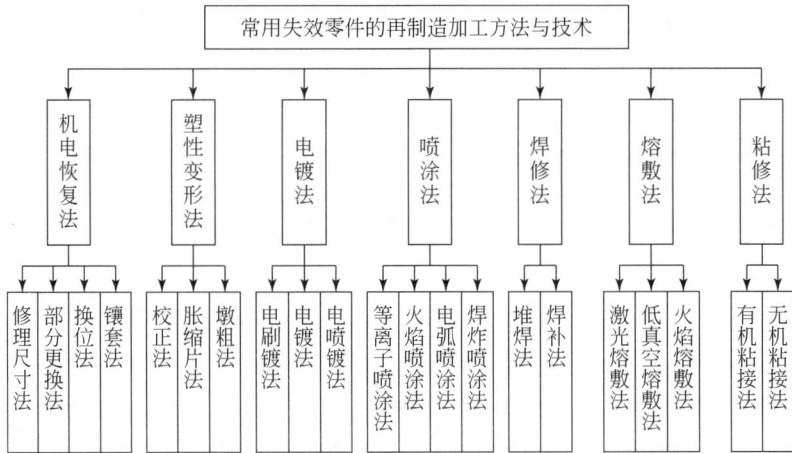

图 3.6　失效零部件常用的再制造加工方法

再制造加工工艺选择的基本原则是工艺的合理性。所谓合理,是指在经济允许、技术条件具备的情况下,所选工艺要尽可能满足对失效零件的尺寸及性能要求,达到质量不低于新品的目标。再制造加工工艺应主要考虑以下因素:

(1)再制造加工工艺对零件材质的适应性。

(2)各种恢复用覆层工艺可修补的厚度。

（3）各种恢复用覆层与基体结合强度。

（4）恢复层的耐磨性。

（5）恢复层对零件疲劳强度的影响。

（6）再制造加工技术的环保性，满足当前环保要求。

3.3 发动机再制造工艺过程的规范要领

为保证再制造质量，在再制造各个工艺过程实施前必须周密计划，对可能遇到的问题有所估计，做到有步骤地实施再制造流程。

3.3.1 再制造拆解

1. 拆解原则

再制造拆解过程一般应遵循以下原则和要求：

（1）拆解前必须先弄清楚发动机结构和工作原理。产品种类繁多，构造各异，应研究设备和部件的装配图，掌握各零件及其之间的结构特点，装配关系，连接和固定方法以及定位销、弹簧垫圈、锁紧螺母与锁紧螺钉的位置及进退方向，对拆解程序及程度要科学设计，并制定详细的工艺路线，切忌粗心大意、盲目乱拆。对不清楚的结构，应查阅有关图样资料，弄清装配关系、配合性质。无法获取图样分析的，要由有经验的人员完成拆解，并且边分析判断、边试拆，同时还必须设计合适的拆解夹具和工具。

（2）拆解前做好准备工作。拆解前的准备工作包括：对拆解场地的选择，对零件的分类及存放，制定拆解过程中的初步检测方案；对锈蚀的零件进行保护；弄清楚被拆零件间的配合性质和装配间隙，测量出它与有关部件的相对位置，并作出标记和记录；准备好必要的通用和专用工、量具，特别是自制的特殊工具、量具；再制造拆解班组做必要的分工，使拆解工作按计划进行，保证再制造质量。

（3）从实际出发，对于确信性能完好的部件内部可不拆的尽量不拆，需要拆的一定要拆。再制造拆解程序与制造装配程序基本相反。在切断电源后，要先拆外部附件，再将整机拆成部件，部件拆成组件，最后拆成零件。为了减少拆解工作量和避免破坏配合性质，对于尚能确保再制造产品使用性能的部件可不全部拆解，但需进行必要的试验或诊断，确定无隐蔽缺陷。如果不能肯定内部技术状态如何，就必须拆解检查，确保再制造质量。

（4）使用正确的拆解方法，保证人身和汽车零部件安全。根据零部件连接形式和规格尺寸，选用适合的拆解工具和拆解方法。例如，用锤子敲击零件时，应该在零件上垫好衬垫并选择好适当的位置；在不影响零件完整和不损伤零件的前提下，在拆解前应做好打印、记号工作;对于精密、稀有及管件设备,拆解时应特别谨慎;对不可拆或拆后精度降低的结合件,在必须拆解时要注意保护;有的拆解需采取必要的支撑和起重措施。

(5)对轴孔装配件应坚持拆与装所用的力相同的原则。在拆解轴孔装配件时,通常应坚持用多大的力装配,就用多大的力拆解。如果出现异常情况,要查找原因,防止在拆解中将零件碰伤、拉毛,甚至损坏。热装零件需利用加热来拆解,一般情况下不允许进行破坏性拆解。

(6)拆解应为装配创造条件。要坚持再制造拆解服务于再制造装配的原则。如果被拆解设备的技术资料不全,拆解中必须对拆解过程进行记载,以便在安装时遵照"先拆后装"的原则重新装配。拆解精密或结构复杂的部件时,应画出再制造装配草图或在拆解时做好标记,避免误装。零件拆解后要彻底清洗,涂装防锈、保护加工面,避免丢失和损坏。细长零件要悬挂,注意防止弯曲变形;精密零件要单独存放,以免损坏;细小零件要注意防止丢失;对于不能互换的零件,要成组存放或打标记。

(7)尽量避免破坏性拆解。再制造拆解要能够保证废旧零件的残余价值,尽量避免破坏性拆解,不对失效零件产生损伤,减少再制造加工的工作量。在必须进行破坏性拆解时,要采取保护核心件的原则,即可以破坏拆解掉价值量比较小的零件,从而保全价值量比较大的贵重零件,降低再制造费用。

2. 再制造拆解技术与方法

再制造过程中的零件拆解过程直接关系到产品的再制造质量,是再制造过程中非常重要的工艺步骤。再制造拆解工艺方法可分为击卸法、拉卸法、压卸法、热拆法及破坏性拆解法。在拆解中应根据实际情况选用不同的拆解方法。

1)击卸法

击卸法是指利用锤子或其他重物在敲击或撞击零件时产生的冲击能量把零件拆解分离,是最常用的一种拆解方法。具有使用工具简单、操作灵活方便、不需特殊工具与设备、适用范围广等优点,但击卸法常会造成零件损伤或破坏。

2)拉卸法

拉卸法是使用专用顶拔器把零件拆解下来的一种静力拆解方法。它具有拆解件不受冲击力、拆解较安全、零件不易损坏等优点,但需要制作专用拉具。该方法适用于拆解精度要求较高、不许敲击或无法敲击的零件。

3)压卸法

压卸法是利用手压机、油压机进行的一种静力拆卸方法,适用于拆卸形状简单的过盈配合件。

4)温差法

温差法是利用材料热胀冷缩的性能。加热包容件,使配合件在温差条件下失去过盈量,实现拆解,常用于拆卸尺寸较大的零件和热装的零件。例如液压压力机或千斤顶等设备中尺寸较大、配合过盈量较大、精度较高的配合件或无法用击卸、顶压等方法拆解时,可用温差法拆解。

5)破坏法

在拆解焊接、铆接等固定连接件时,或轴与套已互相咬死、或为保存核心价值件而必须破坏低价值件时,可采用车、锯、錾、钻、割等方法进行破坏性拆解。这种拆解往往需要注意保证核心价值件或主体部位不受损坏,而对其附件则可采用破坏方法拆离。

3. 废旧发动机拆解

废旧发动机到达再制造生产线后,要放在发动机台架上进行拆解,需要合理放置,提高工效,避免差错,保证拆解后的零件质量。

1)拆下进排气歧管、气缸盖及衬垫

拆解时可用锤子木柄在气缸盖周围轻轻敲击,使其松动。也可以在气缸盖两端留两枚螺栓,将其余的缸盖螺栓全部取下,此时,扶住发动机转动曲轴,由于气缸内的空气压力作用,可以使气缸垫很容易地离开缸体。然后拆下气缸盖和气缸垫。

2)检查离合器与飞轮的记号

将发动机放倒在台架上,检查离合器盖与飞轮上有无记号,如无记号应做记号,然后对称均匀地拆下离合器固定螺栓,取下离合器总成。

3)拆下油底壳

拆下油底壳、衬垫以及机油过滤器和油管,同时拆下液压泵。

4)拆下活塞连杆组

(1)将所要拆下的连杆转到下止点,并检查活塞顶、连杆大端处有无记号,如无记号,应按顺序在活塞顶、连杆大端做上记号。

(2)拆连杆螺母,取下连杆端盖、衬垫和轴承,并按顺序分开放好,以免混乱。

(3)用手推连杆,使连杆与轴颈分离。用锤子木柄推出活塞连杆组。

(4)取出活塞连杆组后,应将连杆端盖、衬垫、螺栓和螺母按原样装上,以防错乱。

5)拆下气门组

(1)拆下气门室边盖及衬垫,检查气门顶有无记号,如无记号应按顺序在气门顶部用钢字号码或尖锐做上记号。

(2)在气门关闭时,用气门弹簧钳将气门弹簧压缩。用螺钉旋具拨下锁片或用尖嘴钳取下锁销,然后放松气门弹簧钳,取出气门、气门弹簧及弹簧座。

6)拆下起动爪、带轮

拆下起动爪、扭转减震器和曲轴带轮,然后用拉器拉出曲轴带轮,不允许用锤子敲击带轮的边缘,以免带轮发生变形或碎裂。

7)拆下正时齿轮盖

拆下正时齿轮盖及衬垫。

8)拆凸轮轴及气门挺杆

检查正时齿轮上有无记号,如无记号应在两个齿轮上作出相应的记号。再拆去凸轮轴前、中、后轴颈衬套固定螺栓及衬套,然后平衡地抽出凸轮轴;取出气门挺杆及挺杆架。

9)将发动机在台架上倒放,拆下曲轴

首先撬开曲轴轴承座固定螺栓上的锁片或拆下锁丝。拆下固定螺栓,取下轴承盖及衬垫并按顺序放好,抬下曲轴,再将轴承盖及衬垫装回,并将固定螺栓拧紧少许。

10)拆下飞轮

旋出飞轮固定螺栓,从曲轴突缘上拆下飞轮。

11)拆曲轴后端

拆下曲轴后端油封及飞轮壳。

12)分解活塞连杆组

(1)用活塞环装卸钳拆下活塞环。

(2)拆下活塞销。首先在活塞颈部检查记号,再将卡环拆下,用活塞销铣子将活塞销铣出,并按顺序放好。

发动机拆解成全部的零件后,可以进行初步的检测,将明显不能再制造的零件报废并登记。将可以利用或可以再制造后利用的零件分类加以清洗,并进入下一道再制造工序。

3.3.2　再制造清洗

根据发动机再制造工艺的要求,再制造清洗包括拆解前对发动机外观的整体清洗和拆解后对零件的清洗两部分内容。

1. 拆解前的清洗

拆解前的清洗主要是指拆解前对回收的发动机的外部清洗,主要目的是除去发动机外部积存的大量尘土、油污、泥沙等脏物,以便拆解并避免将尘土、油污等带入厂房工序内部。外部清洗一般采用自来水或高压水冲洗,即用水管将自来水或1～10MPa压力的高压水流接到清洗部位冲洗油污,并用刮刀、刷子配合进行。对于密度较大的厚层油污物,可在水中加入适量化学清洗剂,并提高喷射压力和水的温度。

常用的外部清洗设备主要有单枪射流清洗机和多喷嘴射流清洗机。前者是靠高压连续射流或水射流的冲刷作用或射流与清洗剂的化学作用相配合来清除污物。后者有门框移动式和隧道固定式两种,其喷嘴的安装位置和数量根据设备的用途不同而异。

2. 拆解后废旧零部件的清洗

拆解后对零部件的清洗主要包括清除油污、水垢、锈蚀、积炭、油漆等内容。

1)清除油污

凡是和各种油料接触的零件在解体后都要进行清除油污的工作,即除油。油可以分为两类:可皂化的油,就是能与强碱起作用生成肥皂的油,如动物油、植物油,即高分子有机酸盐;不可皂化的油,它不能与强碱起作用,如各种矿物油、润滑油、凡士林和石蜡等。这些油类都不溶于水,但可溶于有机溶剂。去除这些油类,主要是用化学方法和电化学方法。常用的清洗液有有机溶剂、碱性溶液和化学清洗液等;清洗方式则有人工方式和机械方式,包括擦洗、煮洗、喷洗、振动清洗、超声清洗等。

2)清除水垢

机械产品的冷却系统经过长期使用硬水或含杂质较多的水后,在冷却器及管道内壁上沉积一层黄白色的水垢,主要成分是碳酸盐、硫酸盐,部分还含有二氧化硅等,水垢使水管截面缩小,热导率降低,严重影响冷却效果及冷却系统的正常工作,因此在再制造过程中必须给予清除。水垢的清除方法一般采用化学去除法,包括磷酸盐清除法、碱溶液清除法、酸清洗除法等,对于铝合金零件表面的水垢,可用浓度为5%的硝酸溶液,或浓度为10%~15%的醋酸溶液。清除水垢的化学清除液应根据水垢成分与零件材料选用。

3)清除锈蚀

锈蚀是因为金属表面与空气中氧、水分子以及酸类物质接触而生成的氧化物,如 FeO、Fe_3O_4、Fe_2O_3 等,通常称为铁锈。除锈的主要方法有机械法、化学酸洗法和电化学酸蚀法等。机械法除锈主要是利用机械摩擦、切削等作用清除零件表面锈层,常用的方法有刷、磨、抛光、喷砂等。化学酸洗法主要是利用酸对金属的溶解以及化学反应中生产的氢气对锈层的机械作用而把金属表面的锈蚀产物溶解掉并脱落的酸洗法,常用的酸有盐酸、硫酸、磷酸等。电化学酸蚀法主要是利用零件在电解液中通以直流电后产生的化学反应而达到除锈的目的,包括将被除锈的零件作为阳极和把被除锈的零件作为阴极两种方式。

4)清除积炭

积炭是由于燃料和润滑油在燃烧过程中不能完全燃烧,并在高温作用下形成的一种由胶质、沥青质、润滑油和碳质等组成的复杂混合物。例如,发动机中的积炭大部分积聚在气门、活塞、气缸盖等上,这些积炭会影响发动机某些零件的散热效果,恶化传热条件,影响其燃烧性,甚至会导致零件过热,形成裂纹。因此在此类零件再制造过程中,必须干净地清除表面的积炭。积炭的成分与发动机的结构、零件的部位、燃油和润滑油的种类、工作条件以及工作时间等有很大关系。目前常使用机械法、化学法和电解法等清除积炭。机械法指用金属丝刷与刮刀取出积炭,方法简单,但效率较低,不易清除干净,并易损伤表面。采用压缩空气喷射清除积炭能够明显提高效率。化学法指将零件浸入氢氧化钠、碳酸钠等清洗液中,温度为80～90℃,使油脂溶解或乳化,积炭变软后再用毛刷刷去积炭并清洗干净。电化学法指将碱溶液作为电解液,工件接于阴极,使其在化学反应和氢气的共同剥离作用力下去除积炭。此方法效率高,但要掌握好清除积炭的规范。

5)清除涂料

拆解后零件表面的原漆层也需要根据其损坏程度和保护涂层的要求进行全部清除。清除后要冲洗干净,准备重新喷漆。对油漆的清除方法一般先借助已配制好的有机溶剂、碱性溶液等作为退漆剂,先涂刷在零件的漆层上,使之溶解软化,再借助手工工具去除漆层。

3. 再制造清洗技术

拆解后对零部件油污、水垢、锈蚀、积炭、涂料等的清洗,要选用合适的清洗技术,主要有热能清洗技术、流液清洗技术、压力清洗技术、摩擦与研磨清洗技术、超声清洗技术等。

1)热能清洗技术

热能对其他清洗都有较好的促进作用。由于水和有机溶剂对污垢的溶解速度和溶解量随温度的升高而提高,所以提高温度有利于溶剂发挥其溶解作用,而且还可以节约水和有机溶剂的用量。同样,清洗后用水冲洗时,较高的水温更有利于去除吸附在清洗对象表面的碱和表面活性剂。

热能可以使污垢的物理状态发生变化。温度的变化会引起污垢的物理状态变化,使污垢变得容易去除。油脂和石蜡等固体油污很难被表面活性剂水溶液乳化,但当它们加热液化(60～70℃)后,就比较容易被表面活性剂水溶液乳化分散了。

热能可以使清洗对象的物理性质发生变化,有利于清洗。当清洗对象和附着污垢的热胀系数存在差别时,常可以利用加热的方法使污垢与清洗对象间的吸附力降低而使污垢易于解离去除。

热能还可以使污垢受热分解。耐热材料表面附着的有机污垢加热到一定温度后,可能发生热分解变成二氧化碳等气体而被去除。

2)流液清洗技术

零部件清洗时,除了把零部件置于洗涤剂中的静态处理外,有时为了提高污垢被解离、乳化、分散的效率,还可以让洗液在清洗对象表面流动,称动态清洗。

洗液在清洗对象表面有三种流动方向:沿与清洗对象平行方向流动;与清洗对象表面垂直方向流动;与清洗对象表面成一定角度流动。实践表明,第三种情况下污垢被解离的效果最好,是喷射清洗中常用的角度。由于零部件通常是多面体等复杂形状,这时需要用搅拌的方法使洗液形成湍流以提高清洗效果。搅拌容易得到使洗液均匀有效地流动的效果,通常有清洗液流动、清洗对象运动以及清洗对象和洗液都运动等三种方法。

3)压力清洗技术

(1)喷射清洗技术。

通过喷嘴把加压的清洗液喷射出来冲击清洗物表面的清洗方法叫喷射清洗。它包括喷射清洗的作用力、喷射所用喷嘴以及喷射清洗液三部分。

(2)泡沫喷射清洗技术。

在清洗垂直的壁面时,有时为了充分发挥清洗能力、减少洗液浪费,可使用发泡性强的洗液进行喷射。在清洗壁的表面形成具有一定厚度的稳定性泡沫,延长泡沫与壁面的接触时间,使污垢充分溶解,然后用清水喷射,提高污垢的清除效果。清除各种产品表面的油污都适合采用这种方法。

(3)高压水射流清洗技术。

高压水射流清洗技术近年来发展很快,应用日益广泛。用低于 120MPa 压力的高压水射流进行清洗,效率高,节能省时。用喷射的液体射流进行清洗时,根据射流压力的大小分为低压、中压和高压三种。低压和中压射流清洗是借助清洗液的洗涤与水流冲刷的双重去污作用,高压射流清洗是以水力冲击的清洗作用为主,清洗液所起溶解去污的作用很小。高压水射流清洗不污染环境、不腐蚀清洗物体基质,高效节能。

4)摩擦与研磨清洗技术

(1)摩擦清洗技术。

一些不易去除的污垢,使用摩擦力的方法去除,往往能取得较好的效果。当用各种洗液浸泡清洗金属或玻璃材料之后,对于一些洗液不易去除的污垢顽渍可配合用刷子擦洗去除干净。但要注意保持工具(如刷子)清洁,防止工具对清洗对象再污染。

(2)研磨清洗技术。

研磨清洗是指用机械作用力去除表面污垢的方法。研磨使用的方法包括使用研磨粉、砂轮、砂纸以及其他工具对含污垢的清洗对象表面进行研磨、抛光等。研磨清洗的作用力比摩擦清洗的作用力大得多,有明显区别。研磨的操作方法主要有手工研磨和机械研磨。

(3)磨料喷砂清洗技术。

磨料喷砂是把干的或悬浮于液体中的磨料定向喷射到零件或产品表面的清洗方法。磨料喷射清洗是清洗领域内广泛应用的方法之一。磨料喷砂清洗主要被应用于去除金属表面的锈层、氧化皮、干燥污物、型砂和涂料等污垢。

5）超声波清洗技术

在超声环境中清除油脂的过程称为超声清洗，实际上是在有机溶剂脱脂或酸洗过程中进入超声波，加强或加速清洗的过程。

超声波作用包括超声波本身具有的能量作用、空穴破坏时放出的能量作用以及超声波对清洗液的搅拌流动作用等。超声波清洗装置由超声波发生器和清洗槽两部分组成。电磁振荡器产生的单频率间歇信号（电磁波）通过超声波发生器转化为同频超声波，通过清洗液传递到清洗对象。超声波发生器通常装在清洗槽下部，也可装在清洗槽侧面，或采用移动式超声波发生器装置。

超声波清洗的工艺参数主要为工作频率、功率、清洗液温度和清洗时间。超声波清洗的工艺参数选择如表 3.4 所示。

表 3.4　超声波清洗的工艺参数选择

参数名称	选用范围	说明
振动频率	常用约 20kHz 高频 300～800kHz	工件表面粗糙度较高或有小孔、狭深凹槽时，可采用高频。但高频振动衰减较快，作用范围较小，空化作用弱，清洗效率较低
功率密度	0.1～1.0W/cm^2	工件形状复杂或具有深孔、不通孔，或油垢较多，清洗液黏度较大，或选用高频振动时，功率密度可较大。对铝及其合金或用乙醇、水为清洗液时，则可取小些
清洗时间	2～6min	工件形状复杂时取上限，表面粗糙度高则取下限，还应根据污垢严重程度而变化
清洗温度	水基清洗液：32～50℃ 三氯乙烯：70℃ 汽油或乙醚：室温	一般经试验确定合适的温度

6）电解清洗技术

电解清洗是利用电解作用将金属表面的污垢去除的清洗方法。根据去除污垢的种类不同，可分为电解脱脂和电解研磨去锈。电解是在电流的作用下，物质发生化学分解的过程。在电解过程中，金属表面的污垢也随之被去除。

电解脱脂是用电解方法把金属表面黏着的各类油脂污垢加以去除。电解脱脂使用电解槽来完成，要清洗的金属部件与电解池的电极相连放入电解槽后，在电解时金属表面会有细小的氢气或氧气产生，这些小气泡促使污垢从被清洗金属表面剥离下来。电解脱脂分为阴极脱脂和阳极脱脂，常使用氢氧化钠、碳酸钠等碱性水溶液，可增强去污作用。

电解研磨去锈是对金属表面腐蚀以将表面的氧化层及污染层去除的方法，简称电解研磨。电解研磨是向电解质溶液中通入电流使得浸渍在电解液中的金属表面上的微小突起部位优先溶解去除，获得平滑光泽的金属表面的方法。电解研磨可以得到与机械研磨不同的加工特性,适用于多种金属单质和合金材料。电解研磨通常把处理的金属至于阳极,使用酸性或碱性电解液都可以。

7)化学清洗技术

化学清洗是采用一种或几种化学药剂(或其水溶液)清除设备内侧或外侧表面污垢的方法,它是借助清洗剂对物体表面污染物或覆盖层进行化学转化、溶解、剥离以达到清洗的目的。化学清洗的关键是清洗液,清洗液包括溶剂、表面活性剂和化学清洗剂。溶剂包括水、有机溶剂和混合溶剂,水是清洗过程中使用最广泛、用量最大的溶剂或介质;表面活性剂是具有在两相的界面上聚集且能显著改变(通常是降低)液体表面张力和两相间的界面性质的一类物质;化学清洗剂是指化学清洗中所使用的化学药剂,常用的有酸、碱、氧化剂、金属离子螯合剂、杀生剂等。

(1)酸清洗。

酸是处理金属表面污垢最常用的化学药剂,常用的有以下几种:

①硫酸(H_2SO_4)。化学清洗用的硫酸浓度一般小于 15%,对不锈钢和铝合金设备无腐蚀性,适合清洗这些特殊金属设备。

②盐酸(HCl)。使用盐酸做清洗液时,浓度一般小于 10%,并在常温下使用,常用于除碳酸盐水垢、铁锈、铜锈、铝锈等,适用于碳钢、黄铜、纯铜及其他铜合金材料的设备清洗,不宜用于不锈钢和铝材料表面污垢的清洗。

③硝酸(HNO_3)。用于酸洗的硝酸浓度一般为 5% 左右,可以去除水垢和铁锈,对碳酸盐水垢、Fe_2O_3 和 Fe_3O_4 锈垢溶解能力强,去除氧化皮、铁垢的速度快。

④磷酸(H_3PO_4)。在去除缸体表面锈污时,通常采用浓度为 15%～20%(质量比)的磷酸溶液,温度控制在 40～80℃。酸洗时采用的磷酸浓度为 10%～15%,温度在 40～60℃。用磷酸清洗生锈的金属表面,在去锈的同时形成磷化保护膜,对金属起保护作用。

(2)有机酸清洗。

用于酸洗的有机酸有很多,常用的有氨基磺酸、羟基乙酸、柠檬酸、乙二胺四乙酸等。与无机酸相比,有机酸对金属腐蚀性小、无毒、污染小、无三废排放、清洗时较安全、清洗效果好,但成本较高,需要在较高温度下操作,清洗耗费时间长。

(3)碱清洗。

碱清洗是一种以碱性物质为主清洗剂的化学清洗方法,清洗成本低,主要用于去除油脂垢、无机盐、金属氧化物、有机涂层和蛋白质垢等。用碱清洗除锈、除垢等,不会造成金属的严重腐蚀,不会引起工件尺寸的明显改变,不存在因清洗过程造成对金属的损伤,金属表面在清洗后与钝化之前也不会快速返锈。

8)其他先进清洗技术

(1)干冰清洗。

干冰清洗是将液态的 CO_2 通过干冰制备机(造粒机)制作成一定规格(直径为

2～14mm)的干冰球状颗粒,以压缩空气为动力源,通过喷射清洗机将干冰球状颗粒以较高速度喷射到被清洗物体表面。其工作原理与喷砂工作原理类似,干冰颗粒不但对污垢表面有磨削、冲击作用,低温(-78℃)的干冰颗粒用高压喷射到被清洗物表面,使污垢冷却以至脆化,进而与其所接触的材质产生不同的冷却收缩效果,从而使污垢减小了在材质表面的黏附力。干冰颗粒钻入污垢裂纹,随即气化,其体积膨胀800倍,这种作用把污垢从被清洗物体的表面剥离。同时加上干冰颗粒的磨削和冲击及压缩空气的吹扫剪切,使污垢从被清洗表面以固态形式剥离,达到了清除污垢的目的。干冰清洗技术的优点是被清洗后的清洗对象表面干燥洁净,无介质残留,不损伤清洗对象,不会使金属表面返锈;清洗过程不污染环境,速度快,效率高,价格便宜,操作简单方便;特别适用于不能进行液体清洗的场合。

(2)紫外线清洗。

紫外线是一种波长为100～400nm的电磁波,具有较高的能量,一些物质分子吸收紫外线后处于高能激发状态,有解离或电离倾向。同时,紫外线还能促进臭氧分子生产,并产生有强氧化性的激发态氧气分子。波长为253.7nm的紫外线能激发有机物污垢分子,而波长为184.9nm的紫外线能激发氧气生成臭氧,并与紫外线发生协同作用促进有机物氧化,使有机物污垢分子分解成挥发性小分子二氧化碳、水和氮气等。这两种波长的紫外线复合使用,会大大加快清洗速度。

(3)等离子体清洗。

等离子体清洗分为用不活泼气体产生的等离子体清洗和用活泼气体等离子体清洗两种方法。等离子体清洗可用来对玻璃和金属表面微量吸着的残留水膜和有机污垢进行去除,而且有利于防止清洗对象被再污染。在微电子行业,可用等离子体清洗硅晶片表面的光致抗蚀膜,但利用等离子体法需考虑废气对物体的再污染及过量的腐蚀问题。

(4)离子束射线清洗。

在高真空度下,用强电场对电子加速撞击金属表面可以产生离子束,加速后的离子束有很强的清洗作用。

(5)激光清洗。

激光是一种具有高能量的单色光束,聚焦后的激光可形成$10^2～10^{15}$ W/cm^{2}功率密度的照射。目前,国外已开始研究把激光应用于清洗领域。当把激光束聚焦于物体表面时,在极短时间内把光能变成热能,使表面的污垢熔化而被去除,手可在不熔化金属的前提下把金属表面的氧化物锈垢除去。另外,激光清洗技术还可以通过改变金属物体的金相组织结构达到清洗目的。目前,激光清洗技术已被研究应用于去除古迹或青铜雕塑表面的氧化物污垢以及去除放射性污染,是一种物理清洗新技术。

3.3.3　失效零件再制造加工方法与技术

失效零件的再制造加工方法主要有两种,即机械加工恢复法和表面工程技术恢复法。前者需要部分专用的再制造加工设备;后者是在中国得到广泛应用的再制造加工技术,包括电刷镀、热喷涂、表面强化等内容,是提高失效零件再制造率的主要途径。

1. 机械加工恢复法

零件再制造恢复中,机械加工恢复法是最重要、最基本的方法。多数失效零件需要经过机械加工来消除缺陷,最终达到配合精度和表面粗糙度等要求。它不但可以作为一种独立的工艺手段获得再制造修理尺寸,直接恢复零件,而且也是其他再制造加工方法操作前工艺准备和最后加工不可缺少的工序。

再制造恢复旧件的机械加工与新制件加工相比较有其不同的特点。产品制造过程中的生产过程一般是先根据设计选用材料,然后用铸造、压力加工或焊接等方法将材料制作成零件的毛坯(或半成品),再经过切削加工制成符合尺寸精度要求的零件,最后将零件装配成机器。而再制造过程中的机械加工所面对的对象是废旧或经过表面工程处理的零件,通过机械加工来完成它的尺寸及性能要求。其加工对象是失效的定型零件;一般加工余量小;原有基准多已破坏,给装夹定位带来困难;加工表面性能已确定,一般不能用工序来调整,只能以加工方法来适应;工件失效形式多样,加工表面多样,组织生产比较困难。

2. 再制造修理尺寸法

在失效零件的再制造修复中,通过再制造达到原设计尺寸和其他技术要求的方法称为标准尺寸再制造恢复法。再制造时不考虑原来的设计尺寸,采用切削加工和其他加工方法恢复其形状精度、位置精度、表面粗糙度和其他技术条件,从而获得一个新尺寸,称为再制造的修理尺寸。而与此相配合的零件则按修理尺寸配制新件或修复。这种方法称为再制造中的修理尺寸恢复法,其实质是恢复零件配合尺寸链的方法。在调整法、修配法中,再制造修复多为修理尺寸法,如修轴颈、换套或扩孔镶套、键槽加宽一级、重配键等。

在确定再制造修理尺寸(即去除表面层厚度)时,首先应考虑零件结构上的可能性和再制造加工后零件的强度、刚度是否满足需要。如轴颈尺寸减小量一般不得超过原设计尺寸的 10%,轴上键槽可扩大一级。为了得到有限的互换性,可将零件再制造修理尺寸标准化。例如,内燃机的气缸套的再制造修理尺寸,通常可规定几个标准尺寸,以适应尺寸分级的活塞备件;曲轴轴颈的修理尺寸分为 16 级,第一级尺寸缩小量为 0.125mm,最大缩小量不得超过 2mm,即修理的曲轴轴颈与新品连杆轴颈的尺寸差不得大于 2mm。

失效零件加工后表面的粗糙度对零件的性能和寿命影响也很大,如直接影响配合精度、耐磨性、疲劳强度、抗腐蚀性等。对承受冲击和交变载荷、高速的零件尤其要注意表面质量,同时要注意轴类零件圆角的半径和表面粗糙度。此外,对于高速旋转的零部件,再制造加工时还应保证应有的静平衡和动平衡要求。

旧件的待再制造恢复表面和定位基准已损坏或变形,在加工余量很小的情况下,盲目使用原有定位基准或只考虑加工表面本身的精度,往往会造成零件的进一步损伤,导致报废。因此在再制造加工前必须检查、分析,校正变形、修整定位基准后再进行加工,才能保证加工表面与其他要素的相互位置精度,并使加工余量尽可能小。必要时,需设计专用夹具。

再制造修理尺寸法应用极为普遍,是国外最常采用的再制造生产方法,通常也是最小加工工作量的方法,工作简单易行,经济性好,同时可恢复零件的使用寿命,尤其对贵重零件意义重大。但使用该方法时,一定要判断是否满足零件的强度和刚性的设计要求,满足再制造产品使用周期的寿命要求,保证再制造产品质量。

3. 钳工再制造恢复法

钳工再制造恢复法也是失效零件机械加工恢复过程中较主要、基本、广泛应用的工艺方法。它既可以作为一种独立的手段直接修复零件,也可以是其他再制造方法(如焊、镀、涂等工艺)的准备或最后加工必不可少的工序。钳工再制造恢复法主要有铰孔、研磨、刮研等方法。

4. 镶加零件法

相配合零件磨损后,在结构和强度允许的条件下,用增加一个零件来补偿由于磨损和修复去掉的部分,以恢复原配合精度,这种方法称为镶加零件法。例如,箱体或复杂零件上的内螺纹损坏后,可扩孔以后再加工直径大一级的螺纹孔来恢复。

5. 局部更换法

有些零件在使用过程中,各部位可能出现不均匀的磨损,某个部位磨损严重,而其余部位完好或磨损轻微。在这种情况下,一般不宜将整个零件报废。如果零件结构允许,可以把损坏的部分除去,重新制作一个新的部分,并以一定的方法使新换上的部分与原有零件的基本部分连接成整体,从而恢复零件的工作能力,这种方法称为局部更换法。例如,多联齿轮和有内花键的齿轮,当齿部损坏时,可用镶齿圈的方法修复。新齿圈可先加工好,也可压入后再加工。

6. 换位法

有些零件在使用时产生单边磨损或磨损有明显的方向性,而对称的另一边则磨损较小。如果结构允许,在不具备对零件进行彻底修复的条件下,可以利用零件未磨损的一边,将它换一个方向安装即可继续使用,这种方法称为换位法。

7. 塑性变形法

塑性变形法是利用外力的作用使金属产生塑性变形,恢复零件的几何形状或使零件非工作部分的金属向磨损部分移动,以补偿磨损掉的金属,恢复零件工作表面原来的尺寸精度和形状精度。根据金属材料可塑性的不同,塑性变形法可分为常温下进行的冷压加工和热态下进行的热压加工。常用的方法有镦粗法、扩张法、缩小法、压延法和校正法。

无论采用以上哪一种机械加工恢复法,最主要的原则就是保证再制造恢复后的零件性能满足再制造产品的质量要求,保证再制造产品使用一个寿命周期。

3.3.4　表面工程修复法

1. 电刷镀技术

电刷镀技术是电镀技术的发展,是表面再制造工程的重要组成内容,它具有设备轻便、工艺灵活、沉积速度快、镀层种类多、结合强度高、适应范围广等一系列优点,是机械零件再制造修复和强化的有效手段。

1)基本原理

电刷镀技术采用一套专用的直流电源设备,电源的正极接镀笔作为刷镀时的阳极,电源的负极接工件作为刷镀时的阴极。镀笔通常采用高纯细石墨块作阳极材料,石墨块外面包裹上棉花和耐磨的涤棉套。刷镀时,使浸满镀液的镀笔以一定的相对运动速度在工件表面上移动,并保持适当的压力。这样,在镀笔与工件接触的那些部位,镀液中的金属离子在电场力的作用下扩散到工件表面,并在工件表面获得电子被还原成金属原子,这些金属原子沉积结晶就形成了镀层。随着刷镀时间的增长而使镀层不断增厚。

2)电刷镀技术的特点

电刷镀技术的特点主要表现为以下三个方面:

(1)设备特点。

①电刷镀设备多为便携式或可移动式,体积小、重量轻,便于现场使用或野外抢修。

②不需要镀槽和挂具,设备数量少,占用场地小,设备对场地设施的要求大大降低。

③一套设备可以完成多种镀层的刷镀。

④镀笔(阳极)材料主要采用高纯细石墨,是不溶性阳极。石墨的形状可根据

需要制成各种样式,以适应被镀工件表面形状为宜。刷镀某些镀液时,也可以采用金属材料作阳极材料。

⑤设备的用电量、用水量比槽镀少得多,可以节约能源、资源。

(2)镀液特点。

①电刷镀溶液大多数是金属有机络合物水溶液,络合物在水中有相当大的溶解度,并且有很好的稳定性。因而,镀液中金属离子的含量通常比槽镀高几倍至几十倍。

②不同镀液有不同的颜色,透明清晰,没有浑浊或沉淀现象,便于鉴别。

③性能稳定,能在较宽的电流密度和温度范围内使用,使用中不必调整金属离子浓度。

④不燃、不爆、无毒性,大多数镀液接近中性,腐蚀性小,因而能保证手工操作的安全,也便于运输和储存。除金、银等个别镀液外都不采用有毒的络合剂和添加剂。

(3)工艺特点。

电刷镀区别于电镀(槽镀)的最大工艺特点是镀笔与工件必须保持一定的相对运动速度。由于镀笔与工件有相对运动,散热条件好,在使用大电流密度刷镀时,不易使工件过热。其镀层的形成是一个断续结晶过程,镀液中的金属离子只在镀笔与工件接触的那些部位放电还原结晶。镀笔的移动限制了晶粒的长大和排列,因而镀层中存在大量的超细晶粒和高密度的位错,这是镀层强化的重要原因。镀液随镀笔及时供送到工件表面,大大缩短了金属离子扩散过程,不易产生金属离子贫乏现象。加上镀液中金属离子含量很高,允许使用比槽镀大得多的电流密度,因而镀层的沉积速度快。

3)电刷镀技术在再制造中的应用

在分析发动机连杆等内孔类零部件损伤特点的基础上,创造性地研发了内孔类零件自动化纳米电刷镀技术方法。该方法充分利用了内孔类零部件待修复表面为规则的内圆柱形的特点,解决了传统刷镀技术在自动化刷镀过程中镀笔寿命短、镀层质量不稳定、镀液浪费严重以及需多次更换镀笔等局限性,有效解决了内孔类零部件再制造的自动化和产业化难题。

设计制备了适合内孔电刷镀的基础镀液。该镀液可以在刷镀过程中较好地维持镀液中 Ni^{2+} 的平衡,镀液可长期循环使用,统计得出自动化刷镀连杆的镀液消耗量为 0.07L/根,仅为手工刷镀连杆(1L/根)时的 7%,大大延长了镀液的使用寿命;通过向基础镀液中添加纳米陶瓷颗粒和添加剂,分别制备了性能更加优异的镍基纳米复合镀层和纳米晶镀层,镀层的沉积速率可达 $100\mu m/h$ 以上,显微硬度可以在 $170\sim610$ 进行控制,以满足不同再制造零件的需要。

利用内孔类零部件自动化纳米电刷镀技术,开发了斯太尔再制造发动机连杆和缸体自动化纳米电刷镀专用设备(见图3.7和图3.8)。

(a)连杆自动化纳米电刷镀专机

(b)刷镀中的连杆

(c)刷镀后的连杆

(d)正在珩磨和珩磨后的连杆

图 3.7　连杆自动化纳米电刷镀

(a)缸体自动化纳米电刷镀专机

(b)刷镀后的缸孔　　　　　　　　　　(c)珩磨后的缸孔

图 3.8　缸体自动化纳米电刷镀

　　装甲兵工程学院自主创新研制出具有国际领先水平的斯太尔发动机连杆再制造自动化电刷镀设备。解决了再制造工业化生产中零件定位精度控制、镀液供给均匀性、再制造质量控制、连续作业、生产节奏调整等重大难题,实现了再制造生产过程的自动化,建立了连杆自动化纳米电刷镀再制造技术工艺规范。一次性完成4~6件发动机连杆的电刷镀再制造,并使一次作业时间由 60min/件缩短为 5~10min/件,达到年产 30000 件的再制造能力。相比手工刷镀效率提高了 10 倍,成本降低了 80%,成品率由 50% 左右提高到了 90% 以上,显著提高了生产效率、大大降低了工人劳动强度,节约资源、能源效果十分显著。纳米颗粒复合镀层保证了再制造产品性能达到原型新品。

　　2. 热喷涂技术

　　热喷涂是指将熔融状态的喷涂材料通过高速气流使其雾化喷射在零件表面,形成喷涂层的一种金属表面加工方法。根据热源来分,热喷涂有四种基本方法:火焰喷涂、电弧喷涂、等离子喷涂和特种喷涂。火焰喷涂就是以气体火焰为热源的热喷涂,又可按火焰喷射速度分为火焰喷涂、气体爆燃式喷涂(爆炸喷涂)及超音速火焰喷涂三种;电弧喷涂是以电弧为热源的热喷涂。等离子喷涂是以等离子弧为热源的热喷涂。热喷涂技术在设备维修和再制造中应用广泛,主要用来恢复被磨损和腐蚀的废旧零件的表面尺寸和性能。下面以电弧喷涂为例,对热喷涂技术进行简单介绍。

　　1)电弧喷涂原理

　　电弧喷涂是以电弧为热源,将熔化的金属丝用高速气流雾化,并以高速喷射到工件表面形成涂层的一种工艺。喷涂时,两根丝状喷涂材料经送丝机构均匀、连续地送进喷枪的两个导电嘴内,导电嘴分别接喷涂电源的正、负极,并保证两根丝材端部接触前的绝缘性。当两根丝材端部接触时,由于短路产生电弧。高压空气将电弧熔化的金属雾化成微熔滴,并将微熔滴加速喷射到工件表面,经冷却、沉积后形成涂层。此项技术可赋予工件表面优异的耐磨、防腐、防滑、耐高温等性能,在机械制造、电力电子和修复领域中得以广泛应用。

2)电弧喷涂设备系统

电弧喷涂设备系统由电弧喷枪、控制箱、电源、送丝机构和压缩空气系统组成。

(1)电弧喷涂电源采用平的伏安特性。过去采用直流电焊机作电弧喷涂电源,由于电焊机具有陡降的外特性,电弧工作电压在 40V 以上,使喷涂过程中喷涂丝的含碳量烧损较大,降低涂层硬度。平的伏安特性的电弧喷涂电源可以在较低的电压下喷涂,使喷涂层中的碳烧损大为减少(约减少 50%),可以保持良好的弧长自调节作用,能有效地控制电弧电压。平特性的电源在送丝速度变化时,喷涂电流迅速变化,按正比增大或减小,维持稳定的电弧喷涂过程。该电源的操作使用也很方便。根据喷涂丝材选择一定的空载电压,改变送丝速度可以自动调节电弧喷涂电流,从而控制电弧喷涂的生产效率。

(2)电弧喷涂枪是电弧喷涂设备的关键装置,其工作原理是将连续送进的丝材在喷涂枪前部以一定的角度相交,由于丝材各自接于直流电源的两极而产生电弧,从喷嘴喷射出的压缩空气流将熔化金属吹散形成稳定的雾化粒子流,从而形成喷涂层。

(3)送丝机构分为推式送丝机构和拉式送丝机构两种,目前应用较多的是推式送丝机构。

3)电弧喷涂技术特点

如表 3.5 所示,电弧喷涂技术的工艺特点同其他热喷涂技术相比,可归纳为以下几个方面:

(1)涂层性能优异。应用电弧喷涂技术,可以在不提高工件温度、不使用贵重底材的情况下获得性能好、结合强度高的表面涂层。一般电弧喷涂涂层的结合强度是火焰喷涂层的 2.5 倍。

(2)喷涂效率高。电弧喷涂单位时间内喷涂金属的重量大,电弧喷涂的生产效率正比于电弧电流。例如,当电弧喷涂电流为 300A 时,喷锌 30kg/h、铝 10kg/h、不锈钢 15kg/h,比火焰喷涂提高了 2~6 倍。

(3)节约能源。电弧喷涂的能源利用率明显高于其他喷涂方法。电弧喷涂的能源利用率达 57%,而等离子喷涂和火焰喷涂的能源利用率分别只有 12% 和 13%。

(4)经济性好。电弧喷涂的能源利用率很高,而且电能的价格又远远低于氧气和乙炔,其费用通常约为火焰喷涂的 1/10,设备投资一般小于等离子喷涂设备投资的 1/5。

(5)安全性好。电弧喷涂技术仅使用电和压缩空气,不用氧气或乙炔等助燃、易燃气体,安全性高。

(6)设备相对简单,便于现场施工。与超音速火焰喷涂技术、等离子喷涂技术、气体爆燃喷涂技术相比,电弧喷涂设备体积小,质量轻,使用、调试非常简便,使得该设备能方便地被运送到现场,对不便移动的大型零部件进行处理。

表3.5　热喷涂工艺特点

参数	等离子喷涂法	火焰喷涂法	电弧喷涂法	气体爆燃式喷涂法
冲击速度/(m/s)	400	150	200	1500
温度/℃	12000	3000	5000	4000
涂层孔隙率/%	1～10	10～15	10～15	1～2
涂层结合强度/MPa	30～70	5～10	10～20	80～100
优点	孔隙率低,结合性好,多用途,基材温度低,污染低	设备简单,工艺灵活	成本低,效率高,污染低,基材温度低	孔隙率非常低,结合性极佳,基材温度低
限制	成本高	通常孔隙率高,结合性差,对于工件要加热	只应用于导电喷涂材料,通常孔隙率较高	成本高,效率低

热喷涂技术在应用上已由制备装饰性涂层发展为制备各种功能性涂层,如耐磨、抗氧化、隔热、导电、绝缘、减摩、润滑、防辐射等涂层,热喷涂着眼于改善表面的材质,这比起整体提高材质无疑要经济得多。热喷涂技术在再制造领域已经得到广泛应用,用其修复零件的寿命不仅达到了新产品的寿命,而且对产品质量还起到了改善作用,显著提高了零件再制造率。

4)自动化高速电弧喷涂技术的汽车发动机再制造应用

汽车发动机废旧缸体的主轴承孔通常遭受了严重的磨损、变形和划伤而报废,如果对该部位进行修复,就可实现整个部件的再制造,为此,装甲兵工程学院装备再制造技术国防科技重点实验室成功开发出新型自动化高速电弧喷涂技术,对废旧斯太尔汽车发动机缸体进行喷涂再制造。它是以电弧为热源,熔化金属丝材,并用高压空气雾化,雾化粒子高速喷涂、逐层沉积成涂层,同时,将喷枪固定在操作机或机器人上,通过电脑编程控制喷枪运动,实现喷涂过程的自动化。经统计:一个新的缸体,重约300kg,成本约9000元,而再制造一个缸体喷涂材料约5kg,再制造成本不到300元,节能、节材都在90%以上。喷涂产生的灰尘通过专门设计的过滤设备后,不污染环境。

(1)操作机自动化电弧喷涂系统再制造发动机缸体系统组成。

如图3.9所示,设计开发的操作机自动化高速电弧喷涂系统主要由五部分组成,包括:中央控制单元、操作机、变位机、高速电弧喷涂设备及过程检测仪器。工作过程中,利用操作机的操作臂夹持喷枪,带动喷枪运动,被喷涂的缸体固定在变位机上。采用中央控制系统实现自动化喷涂的所有控制操作,其中操作机的X、Y、Z轴能使喷枪实现上下、前后、左右等直线运动,C轴能使喷枪实现上下摆动,变位

机的 R 轴能使工件实现圆周运动。通过控制软件编程实现规划喷枪的运动路径。然后把编好的程序通过 USB 接口传到中央控制单元中,控制单元通过控制几个轴的联动,来使喷枪按规划的路线进行运动。通过触摸屏来对喷涂进行控制,其中包括控制喷涂的起停、喷涂电压和电流等参数的实时调节以及一些参数的设置。另外,该控制器还备有喷涂过程实时反馈控制的数字量接口(如粒子温度、速度以及涂层表面温度等信息的监测与控制)。

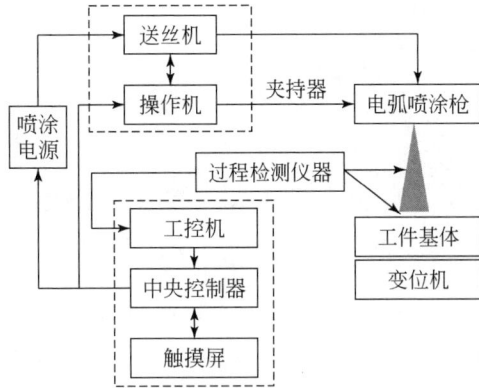

图 3.9　自动化高速电弧喷涂系统组成示意图

(2)再制造汽车发动机缸体的工艺流程及工序。

针对缸体的结构状况,在喷砂和喷涂前对主轴承孔内的油孔和油槽、冷却喷嘴座孔、挺柱孔、二道瓦两侧止推面及缸体内腔等处用不同材料制备的各种特制护具进行遮蔽防护。喷砂处理用 16♯棕刚玉,喷砂用气经油水分离器和冷凝干燥机处理,喷砂打至表面粗糙度 $30<R_a<40$ 为止,不能过度喷砂,并且保证待喷涂面喷砂处理均无死角。

喷涂完后利用镗瓦机进行轴承孔的镗削加工。首先车削两个定位套,将定位套卡在间隔最远的两个完好的轴承孔中,然后将镗杆穿入定位套中进行镗削加工,每次的进刀量不宜过大,应为 0.20～0.30mm,最后的进刀量应小于 0.10mm,这样易于保证尺寸和表面粗糙度。

喷涂工艺参数采用优化后的参数,如表 3.6 所示。

表 3.6　喷涂工艺参数

喷涂材料	丝材直径 ϕ/mm	电压 U/V	电流 I/A	喷涂距离 D/mm	雾化气压 P/MPa
低碳马氏体	2	32～34	180～200	200	0.6
1Cr18Ni9Ti-Al	2	34～36	180～200	200	0.6

利用此系统再制造 STEYR 汽车发动机缸体,有七个轴承孔需要修复,其轴承

孔的划痕、喷砂后和喷涂后的形貌如图 3.10 所示。

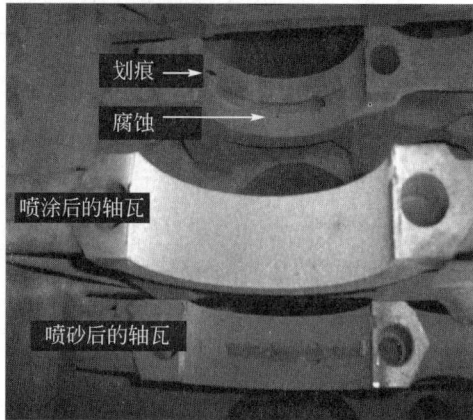

图 3.10　STEYR 发动机缸体及轴承孔

　　自动化喷涂过程中,缸体按一定弧度往复转动,并配合喷枪在 X 轴上的微移动,实现喷枪和变位机的联动控制,这样不但能使喷枪的运动幅度较小,喷涂稳定性提高,而且能使喷枪始终与待喷表面保持垂直姿势,喷涂焰流匀速移动,这样提高了喷涂的质量,且使涂层厚度趋于均匀化,其中喷涂一个轴承孔时的过程示意如图 3.11 所示。先将规划好的喷涂路径传到控制单元,在喷涂时利用 X 轴和 R 轴的联动,X 轴带动喷枪进行左右平移。开始喷枪口指向缸体第一个轴承孔的左沿位置。喷涂开始喷枪向右移动(X 轴向右移动),同时 R 轴(变位机)带动喷枪逆时针转动,此过程即是 X 轴和 R 轴的联动。当喷涂到轴承孔的右边缘时,喷枪(X 轴)停止向右运动,并立即向左运动,同时 R 轴带动缸体顺时针转动。当缸体(R 轴)转动到起始位置时,同时喷枪也回到起始位置,喷枪向上运动,即 Y 轴带动喷枪向上运动,此时 X 轴和 R 轴停止运动,当喷枪移到设定的位置后,系统立即执行刚才的运动过程。喷完一个轴承孔后,喷枪会迅速移至下一个待修复的轴承孔处,循环喷涂上一个轴承孔时的动作。此系统喷涂作业过程如图 3.12 所示。

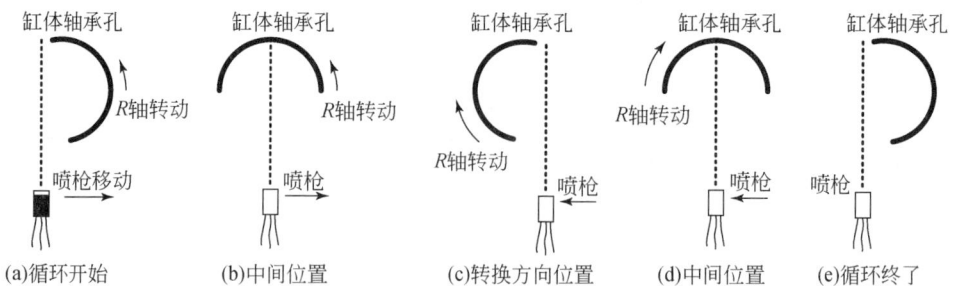

图 3.11　喷涂一个缸体轴承孔的过程

图 3.12　自动化高速电弧喷涂系统喷涂发动机缸体

喷涂汽车发动机缸体的控制程序流程如图 3.13 所示,STEYR 某型发动机缸

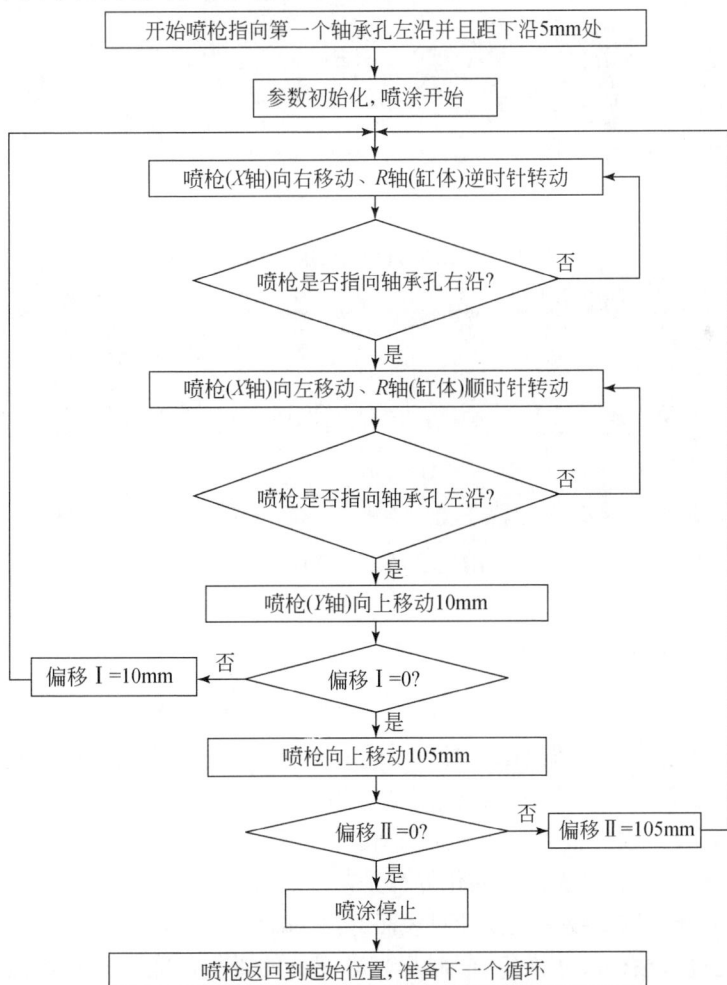

图 3.13　自动化电弧喷涂汽车发动机缸体的控制程序流程图

体轴承孔宽度是 40mm,两个轴承孔之间的距离是 95mm。偏移 I 是喷枪在喷涂一个轴承孔时的移动距离,一个轴承孔需要喷涂四道,每道之间的距离是 10mm,所以偏移 I 每次移动的距离是 10mm,偏移 I 的初值为 3。每一个轴承孔的第一道和最后一道距离孔边缘 5mm,所以由一个轴承孔移到下一个轴承孔,偏移 II 每次移动的距离是 105mm,共有 7 个轴承孔,所以偏移 II 的初值为 6。

喷涂后的 STEYR 汽车发动机缸体如图 3.14 所示,经过镗削加工的缸体如图 3.15 所示。

图 3.14　喷涂后的 STEYR 汽车发动机缸体

图 3.15　镗削加工后的 STEYR 汽车发动机缸体

3. 激光再制造技术

1)概述

激光再制造技术是指应用激光束对废旧零部件进行再制造处理的各种激光技术的统称。按激光束对零件材料作用结果的不同,激光再制造技术主要可分为两大类,即激光表面改性技术和激光加工成形技术。激光相变硬化、激光表面合金化、激光表面熔凝、激光表面非晶化等都是典型的激光技术。

目前,激光再制造技术主要针对表面磨损、腐蚀、冲蚀、缺损等零部件局部损伤及尺寸变化进行结构尺寸恢复,同时提高零部件的服役性能。激光熔覆技术是工业中应用最为广泛的激光再制造技术。

2) 激光熔覆

激光熔覆又称为激光涂覆,是指在被涂覆基体表面上,以不同的添料方式放置选择的涂层材料,经激光辐照使之和基体表面薄层同时熔化,快速凝固后形成稀释度极低、与基体金属成冶金结合的涂层,从而显著改善基体材料表面的耐磨、耐蚀、耐热、抗氧化等性能的工艺方法。它是一种经济效益较高的表面改性技术和废旧零部件维修与再制造技术,可以在低性能廉价钢材上制备出高性能的合金表面,以降低材料成本、节约贵重稀有金属材料。

按照激光束工作方式的不同,激光熔覆技术可以分为脉冲激光熔覆和连续激光熔覆。脉冲激光熔覆一般采用 YAG 脉冲激光器,连续激光熔覆多采用连续波 CO_2 激光器。脉冲激光熔覆和连续激光熔覆的技术特点如表 3.7 所示。

表 3.7　脉冲激光熔覆和连续激光熔覆的技术特点

工艺种类	控制的主要技术工艺参数	技术特点
脉冲激光熔覆	激光束的能量、脉冲宽度、脉冲频率、光斑几何形状及工作移动速度(或激光束扫描速度)	(1)加热速度和冷却速度极快,温度梯度大 (2)可以在相当大的范围内调节合金元素在机体中的饱和程度 (3)生产效率低,表面易出现鳞片状宏观组织
连续激光熔覆	光束形状、扫描速度、功率密度、保护气种类及其流向和流量、熔覆材料成分及其供给量和供给方式、熔覆层稀释度	(1)生产效率高 (2)容易处理任何形状的表面 (3)层深均匀一致

激光熔覆工艺包括两方面,即优化和控制激光加热工艺参数和确定熔覆材料向工件表面的供给方式。针对工业中广泛应用的 CO_2 激光器激光熔覆处理工艺,需要优化和控制的激光熔覆工艺参数主要包括激光输出功率、光斑尺寸及扫描速度等。激光熔覆材料主要是指形成熔覆层所用的原材料。熔覆材料的状态一般有粉末状、丝状、片状及膏状等,其中粉末状材料应用最为广泛。目前,激光熔覆粉末材料一般是借用热喷涂用粉末材料和自行设计开发粉末材料,主要包括自熔性合金粉末、金属与陶瓷复合(混合)粉末及各应用单位自行设计开发的合金粉末等。所用的合金粉末主要包括铁基及铜基等。熔覆材料供给方式主要可分为预置法和同步法等。

为了使熔覆层具有优良的质量、力学性能和成形工艺性能,减小其裂纹敏感性,必须合理设计或选用熔覆材料,在考虑热膨胀系数相近、熔点相近、润湿性相近等原则的基础上,结合激光熔覆工艺进行优化。激光熔覆层质量控制主要是减少激光熔覆层的成分污染、裂纹和气孔以及防止氧化与烧损等,提高熔覆层质量。

3) 激光仿形熔铸再制造技术

激光熔铸通常采用预置涂层或喷吹送粉方法加入熔铸金属,利用激光束聚焦能量极高的特点,在瞬间将基体表面仅微熔,同时使熔覆金属粉末(与基体材质相同或相近)全部熔化,激光离去后快速凝固,获得与基体为冶金结合的致密覆层,使零件表面恢复几何外形尺寸,而且使表面涂层强化。激光仿形熔铸再制造技术的基本原理和技术实质与激光熔覆快速成型再制造技术相同。

激光仿形熔铸再制造技术解决了振动焊、氧弧焊、喷涂、镀层等传统修理方法无法解决的材料选用局限性、工艺过程热应力、热变形、材料晶粒粗大、基体材料结合强度难以保证等问题。该技术具有如下特点:

(1)激光熔铸层与基体为冶金结合,结合强度不低于原本体材料的 90%。

(2)基体材料在激光加工过程中仅表面微熔,微熔层的熔深为 $0.05\sim0.1$mm 基体热影响区极小,一般为 $0.1\sim0.2$mm。

(3)激光加工过程中基体温升不超过 80℃,激光加工后无热变形。

(4)激光熔铸技术可控性好,易实现自动化控制。

(5)熔铸层与基体均无粗大的铸造组织,熔覆层及其界面组织致密,晶体细小,无孔洞,无夹杂裂纹等缺陷。

(6)激光熔铸层为由底层、中间层以及面层组成的梯度功能材料,底层具有与基体浸润性好、结合强度高等特点,中间层具有强度和硬度高、抗裂性好等优点,面层具有抗冲刷、耐磨损和耐腐蚀等性能,使修复后的设备在安全和使用性能上更加有保障。

4. 表面粘涂技术

1)概述

表面粘涂技术是指以高分子聚合物与特殊填料(如石墨、金属粉末、陶瓷粉末和纤维)组成的复合材料胶黏剂涂覆于零件表面实现特定用途(如耐磨、抗蚀、绝缘、导电、保温、防辐射及其复合等)的一种表面工程技术。表面粘涂技术工艺简单,安全可靠,无需专门设备,是一种快速经济的再制造修复技术,有着十分广泛的应用前景。但由于胶黏剂性能的局限性,目前其应用受到耐温性不高、复杂环境下寿命短、易燃、安全性差等一些限制。因此在选择粘涂技术应用于再制造时,必须考虑再制造修复后零件的性能,能否满足再制造产品使用周期的寿命要求。如果无法满足,则必须更换其他方法进行再制造修复。

2)表面粘涂技术的工艺

(1)初清洗。

初清洗主要是除掉待修复表面的油污、锈迹,以便测量、制定粘涂修复工艺和预加工。零件的初清洗可在汽油、柴油或煤油中粗洗,最后用丙酮清洗。

(2)预加工。

为了保证零件的修复表面有一定厚度的涂层,在涂胶前必须对零件进行机械加工,零件的待修复表面的预加工厚度一般为 0.5～3mm。为了有效防止涂层边缘损伤,待粘涂面加工时,两侧应该留 1～2mm 宽的边。为了增强涂层与基体的结合强度,被粘涂面应加工成"锯齿形",带有齿形的粗糙表面可以增加粘涂面积,提高粘涂强度。

(3)最后清洗及活化处理。

最后清洗可用丙酮清洗;有条件时可以对粘涂表面喷砂,进行粗化活化处理,彻底清除表面氧化层;也可进行火焰处理、化学处理等,提高粘涂表面活性。

(4)配胶。

粘涂层材料通常由 A、B 两组分组成。为了获得最佳效果,必须按比例配制。粘涂材料在完全搅拌均匀之后,应立即使用。

(5)粘涂涂层。

粘涂涂层的施工有刮涂法、刷涂压印法、模具成形法等。

(6)固化。

涂层的固化反应速度与环境温度有关,温度高,固化快。一般涂层室温固化需 24h,达到最高性能需 7 天,若加温 80℃ 固化,只需 2～3h。

(7)修整、清理或后加工。

对于不需后续加工的涂层,可用锯片、锉刀等修整零件边缘多余的粘涂料。涂层表面若有大于 1mm 的气孔,应先清洗干净,再用涂胶修补,固化后研干。对于需要后续加工的涂层,可用车削或磨削的方法进行加工,以达到修复尺寸和精度。

3)表面粘涂技术的再制造应用

表面粘涂技术在设备维修与再制造领域中应用十分广泛,可再制造修复零件上的多种缺陷,如裂纹、划伤、尺寸超差、铸造缺陷等。表面粘涂技术在设备维修领域的主要应用如下:

(1)铸造缺陷的修补。铸造缺陷(气孔、缩孔)一直是耗费资金的大问题。修复不合格铸件常规方法需要熟练工人,耗费时间,并消耗大量材料;采用表面粘涂技术修补铸造缺陷,简便易行,省时省工且效果良好,修补后的颜色可保持与铸铁、铸钢、铸铝、铸铜一致。

(2)零件磨损及尺寸超差的修复磨损失效的零件,可采用耐磨修补胶直接涂覆于磨损的表面,然后采用机械加工或打磨,使零件尺寸恢复到设置要求,该方法与传统的堆焊、热喷涂、电镀、电刷镀方法相比,具有可修复对温度敏感性强的金属零部件的优势和修复层厚度可调的特点。

5. 特形面的微脉冲电阻焊技术

1)工作原理

微脉冲电阻焊技术利用电流通过电阻产生的高温,将补材施焊到工件基材上去。在有电脉冲的瞬时,电阻热在金属补材和基材之间产生焦耳热,并形成一个微小的熔融区,构成微区脉冲焊接的一个基本修补单元;在无电脉冲的时段,高温状态的工件依靠热传导将前一瞬间的熔融区的高温迅速冷却下来。由于无电脉冲的时间足够长,这个冷却过程完成得十分充分。从宏观上看,在施焊修补过程中,工件在修补区整体温升很小。因此微脉冲电阻焊技术是一种"冷焊"技术。

GM-3450 系列微脉冲电阻焊设备有三种机型,一次最大储能分别为 125J、250J 和 375J。图 6.29 为 GM-3450A 型机外形,整机由主电路、控制电路和保护电路构成。

2)微区脉冲电阻焊特点

微脉冲电阻焊的主要特点可归纳为以下几点:

(1)脉冲输出能量小。单个脉冲的最大输出能量为 125～250J,与通常的电阻焊机相比其输出能量要小得多。

(2)脉冲输出时间短。脉冲输出时间为毫秒级,输出装置提供不超过 10ms 的电脉冲,即脉冲放电时间不超过 10ms。

(3)脉冲的占空比很小。脉冲间隔为 250～300ms,它与脉冲输出时间相比很大,即占空比很小。

(4)单个脉冲焊接的区域小。通常焊点直径为 0.50～1.00mm,比其他焊接方式的焊点小。

3)修复原理

微脉冲电阻焊试验设备选用 GM-3450A 型工模具修补机。其主要技术参数为:电源,220V,50Hz;输出脉冲电压在 35～450V 内可调;一次最大储能 125J;输出装置提供不超过 3ms 的电脉冲,脉冲间隔为 250～300ms(即连续工作模式工作频率为 3.6 次/s)。

在零部件的待修补处,用电极把修补金属和基体金属压紧,当电源设备有电能输出时,修补层金属和基体金属均有部分熔化,形成牢固的冶金结合,从而使零部件恢复尺寸,再经过磨削处理,恢复零部件表面的光洁度,即可重新使用。为了使零部件表面缺陷处与修补金属层结合牢固,修补前还要进行一些预处理工作。首先,要使缺陷处表面干净,去油、去锈、去氧化物,这样才能使修补金属层与基体充分接触,进而使修补层与基体形成冶金结合。然后,选用合适形状和大小的材料,再选用合适的脉冲电阻焊接工艺进行焊接修补工作。

修补时,当电脉冲输出时,一个脉冲使基材与修补层金属形成一个冶金结合点,单个脉冲输出时就是这种情况。当使用连续脉冲输出模式时,每个脉冲输出情况与单个脉冲时相同,同时电极可以移动,在电极连续移动的过程中,就形成一系列的冶金结合点,这样可得到比较致密的冶金结合的修补层。同时,从电源电流输出波形可以看出,电流输出时前沿很陡,而后沿较缓,这样也可使基体温度瞬间提高很快,而温度下降得比较缓慢,因此基体不易出现裂纹。

4) 微脉冲电阻焊接工艺试验有如下工艺特点

(1)脉冲电压、电极压力对焊接质量影响较大。在其他参数不变的情况下,电极压力的大小、脉冲电压的增减,对结合强度影响很大。其中,电极压力对较软材料 1Cr18NiTi 的影响比对较硬材料 65Mn 的影响大。

(2)表面处理状态对焊接质量的影响明显。

(3)电极与补材之间的接触电阻占整个焊接区中总电阻的比例较大,对焊接质量影响较大。如果能够减少电极与补材之间的接触电阻,增大补材与基材之间的接触电阻,将会进一步提高焊接质量。

5) 微脉冲电阻焊技术的应用

微脉冲电阻焊技术适用于对零件局部缺损进行修复,特别适合对已经过热处理的、异形表面的、合金含量高的、表面粗糙度要求高的精密零件的少量缺损的修复,既能修复小工件,也可应用于大型工件。在再制造工程中,特型面微弧脉冲电阻焊技术特别适用于对旧零件局部损伤(压坑、腐蚀坑、划伤、磨损等)的修补。微脉冲电阻焊技术可用于再制造以下零件:

(1)精密液压件,如液压柱塞杆、各类液压缸体、液压泵和各种阀体。

(2)各种轴类零件,如电机转子、发动机曲轴、离合器弹子槽等。

(3)铸件表面缺陷,特别是精密铸件的表面微小缺陷,如机床床面、水泵泵体等。

(4)特形表面或异形结构件,如汽车凸轮轴曲面、军用产品中特形零件、多头镜刀盘的刀架等。

对于上述零件的损伤原因,可以是正常磨损和腐蚀,也可以是事故造成的损伤或铸造缺陷,均匀磨损、崩棱、钝边、划伤、气孔、砂眼等操作形式都可用微脉冲电阻焊技术进行修复。

因此微脉冲电阻焊技术的出现,实现了修补层与基体结合强度高、母材不产生热变形和热损伤的目的。微脉冲电阻焊技术在使用过程中,清洁环保、经济实惠,所以它在失效零件的再制造修复中具有很大的实际应用价值。

6. 堆焊技术

堆焊技术是利用焊接方法在机械零件表面熔覆一层特殊的合金涂层,使表面具有防腐、耐磨、耐热等性能,并同时恢复因磨损或腐蚀而缺损的零件尺寸。堆焊最初的目的是对已损坏的零件进行修复,使其恢复尺寸,并使表面性能得到一定程度的加强。

手工电弧堆焊的特点是设备简单,工艺灵活,不受焊接位置及工件表面形状的限制,因此是应用最广泛的一种堆焊方法。由于工件的工作条件十分复杂,堆焊时必须根据工件的材质及工作条件选用合适的焊条。例如,在被磨损的零件表面进行堆焊时,通常要根据表面的硬度要求选择具有相同硬度等级的焊条;堆焊耐热钢、不锈钢零件时,要选择和基体金属化学成分相近的焊条,其目的是保证堆焊金属和基体有相近的性质。随着焊接材料的发展和工艺方法的改进,手工电弧堆焊工艺的应用范围将更加广泛。

振动电弧堆焊是一种复合技术。它在普通电弧堆焊的基础上,给焊丝端部加上了振动。其特点是熔深浅,堆焊层薄而均匀,工件受热少,堆焊层耐磨性好,生产率高,成本较低。振动电弧堆焊目前已经在汽车、拖拉机的旧件修复中得到全面推广。应用二氧化碳、水蒸气及熔剂层下保护的振动电弧堆焊工艺,可使堆焊层的质量和性能得到进一步提高。

宽带极堆焊是利用金属带作为填充材料的一种焊剂层下堆焊方法,是一种生产率极高的堆焊方法,每小时可堆焊 $1m^2$,堆焊层高度 $3\sim5mm$。利用已成形的合金带,可以在达 300mm 的宽度上一次堆焊成形,且熔深浅,合金元素损失少,效率高,特别适用于对大面积的平整表面进行表面改性。由于受材料延展性的限制,带极堆焊材料以不锈钢类为主,也可见到马氏体钢和珠光体钢的带极产品。

等离子弧堆焊是以联合型或转移型等离子弧作为热源,以合金粉末或焊丝作为填充金属的一种熔焊工艺。与其他堆焊工艺相比,等离子弧堆焊的弧柱稳定,温度高,热量集中,规范参数可调性好,熔池平静,可控制熔深和熔合比;熔覆效率高,堆焊焊道宽,易于实现自动化;粉末等离子弧堆焊还有堆焊材料来源广的特点。其缺点是:设备成本高,噪声大,紫外线强,产生臭氧污染等。

氧-乙炔火焰堆焊的特点是火焰温度低,堆焊后可保持复合材料中硬质合金的原有形貌和性能,是目前应用较广泛的一种抗磨堆焊工艺。

7. 气门、缸体止推面机械化微弧等离子再制造技术与装备

针对气门和缸体止推面失效特点,进行了气门、缸体止推面机械化微弧等离子再制造系统的总体设计,建立了等离子熔覆试验系统,包括:等离子电源、等离子喷枪、送粉器、冷却系统、运动控制模块等部分。其中等离子电源、等离子喷枪和运动控制模块由再制造重点实验室完全自主研发,达到并超过国内先进水平。

等离子电源使用 MOSFET 管作为开关元件,具有很高的开关速度,保证开关电源具有良好的调节特性,在进行等离子弧作业时保证电弧的高度稳定。它分为维弧电源和主弧电源两部分,主弧电源提供工件与熔覆枪之间的电弧,维弧电源提供喷嘴内部的电弧。

运动控制模块包括两轴步进电机和两轴安川伺服电机和 PLC 模块。步进电机和安川伺服电机的组合使用,在保证整体精度的同时节省了经费。PLC 是一种可靠性和抗干扰能力很强的工业控制模块,我们通过对其编程对喷枪的位置移动

进行控制。使用 PLC 对四自由度操作机和转台进行控制,使用彩色液晶触摸屏进行操作,提高系统的易用性。

如图 3.16 所示,利用该技术对斯太尔发动机废旧排气门进行了再制造。对等离子熔覆后的气门进行了机床初步机加,机加后再用专用气门磨床进行磨削加工至规定尺寸;最后经过专用量具检验排气门的锥面跳动。试验检测再制造的气门零部件达到了原始尺寸和质量要求。

(a)气门再制造转台

(b)再制造前的气门

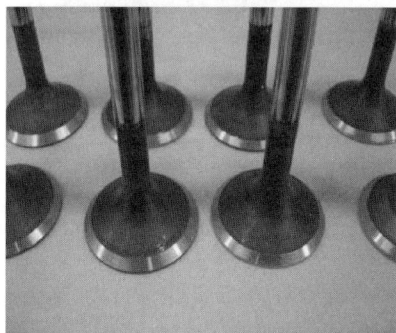

(c)再制造加工后的气门

(d)气门机加工序

(e)气门磨削工序

(f)气门端面跳动检验工序

图 3.16　气门再制造技术工序

再制造后气门变形量小,表面硬度恢复到新品数值,力学性能满足要求。再制造一个排气门需时约 5min,消耗粉末约 6g,材料成本不到 5 元,而排气门新品的价格为 70 元左右。以复强公司每年再制造 5000 台发动机来计算,平均每个排气门按节省 60 元计,这样的排气门每台发动机有 24 个,则每年可节约经费 $60 \times 24 \times 5000 = 720$ 万元,因此节能节材及经济效益也是十分显著的。

再制造的斯太尔发动机缸体分上、下两部分,失效部位为缸体上部的止推面,缸体总重约 250kg,生产一个新缸体,其毛坯重量约 400kg,新缸体价格约 6000 元,如果仅因为止推面的失效而导致整个缸体的报废,将造成巨大的材料及经济附加值损失。采用自动化微束等离子弧熔覆技术对其实施再制造(见图 3.17),平均每个约消耗合金粉末 40g,材料成本不到 20 元,再制造综合成本不到新品的 1/50。由此可见,采用粉末等离子堆焊技术再制造发动机缸体止推面,具有显著的节材及经济效益。

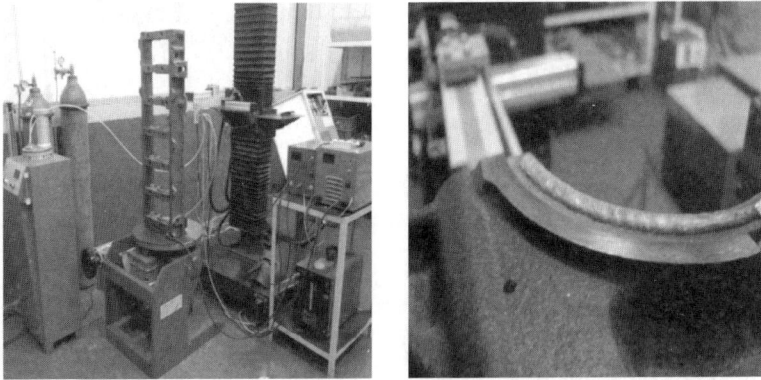

图 3.17　自动化微束等离子弧熔覆再制造发动机缸体止推面

3.3.5　再制造装配技术与方法

1. 概述

再制造装配就是按再制造产品规定的技术要求和精度,将再制造加工后性能合格的零件、可直接利用的零件以及其他报废后更换的新零件安装成组件、部件或再制造产品,并达到再制造产品所规定的精度和使用性能的整个工艺过程。再制造装配是产品再制造的重要环节,其工作的好坏对再制造产品的性能、再制造工期和再制造成本等起着重要作用。

再制造装配中,将把三类零件(再制造零件、直接利用的零件、新零件)装配成组件,把零件和组件装成部件,以及把零件、组件和部件装配成最终产品的过程,分别称为组装、部装和总装。而再制造装配的顺序一般是:先是组件和部件的装配,最后是产品的总装配。做好充分周密的准备工作以及正确选择与遵守装配工艺规程是再制造装配的两个基本要求。

再制造企业的生产纲领决定了再制造生产类型,并对应不同的再制造装配组织形式、装配方法和工艺产品等。参照制造企业的各种生产类型的装配工作特点,可知再制造生产类型的装配类型和特点如表 3.8 所示。

表 3.8　再制造生产类型的装配类型和特点

再制造特点	再制造生产类型		
	大批量生产	成批生产	单件小批生产
组织形式	多采用流水线装配	批量小时采用固定流水装配,批量较大时采用流水装配	多采用固定装配或固定式流水装配进行总装
装配方法	多互换法装配,允许少量调整	主要采用互换法,部分采用调整法、修配法装配	以修配法及调整法为主
工艺过程	装配工艺过程划分很细	划分依批量大小而定	一般不制定详细工艺文件,工序可适当调整
工艺产品	专业化程度高,采用专用产品,易实现自动化	通用设备较多,也有部分专用设备	一般为通用设备及工夹量具
手工操作要求	手工操作少,熟练程度要求提高	手工操作较多,技术要求较高	手工操作多,要求工人技术熟练

再制造装配的准备工作包括零部件清洗、尺寸和重量分选、平衡等,再制造装配过程中的零件装入、连接、部装、总装以及检验、调整等都是再制造装配工作的内容。再制造装配不但是决定再制造产品质量的重要环节,而且还可以发现废旧零部件修复加工等再制造过程中存在的问题,为改进和提高再制造产品质量提供依据。

装配工作量在产品再制造过程中占有很大的比例,对于因无法大量获得废旧毛坯而采用小批量再制造产品的生产中,再制造装配工时往往占再制造加工工时的一半左右;在大批量生产中,再制造装配工时也占有较大的比例。因再制造企业尚属我国新兴的发展企业,所以相对制造企业来讲,再制造企业普遍生产规模小,再制造装配工作大部分靠手工完成。所以,不断提高装配效率尤为重要。选择合适的装配方法、制定合理的装配工艺规程,不仅是保证产品质量的重要手段,也是提高劳动生产率、降低制造成本的重要措施。

再制造产品是在原发动机的基础上进行的性能恢复或提升的产品,所以其质量保证主要取决于再制造工艺中对废旧零件再制造加工的质量以及产品再制造装配的精度,即再制造产品性能最终由再制造装配精度保证。

再制造产品的装配精度是指装配后再制造产品质量与技术规格的符合程度,一般包括距离精度、相互位置精度、相对运动精度、配合表面的配合精度和接触精度等。距离精度是指为保证一定的间隙、配合质量、尺寸要求等,相关零件、部件间距离尺寸的准确程度;相互位置精度是指相关零件间的平行度、垂直度和同轴度等;相对运动精度是指产品中相对运动的零部件间在运动方向上的平行度和垂直度,以及相对速度上传动的准确程度;配合表面的配合精度是指两个配合零件间的间隙或过盈的程度;配合表面的接触精度是指配合表面或连接表面间接触面积的大小和接触斑点分布状况。影响再制造装配精度的主要因素有:零件本身加工或再制造后质量的好坏;装配过程中的选配和加工质量;装配后的调整与质量检验。再制造装配精度的要求都是通过再制造装配工艺保证的。一般说来,零件的精度高,装配精度也会相应较高;但通过实际生产表明,即使零件精度较高,若装配工艺不合理,也达不到较高的装配精度。在再制造产品的装配工作中,如何保证和提高装配精度,达到经济高效的目的,是再制造装配工艺研究的核心内容。

2. 再制造装配方法

根据再制造生产特点和具体生产情况,并借鉴产品制造过程中的装配方法,再制造的装配方法可以分为互换法、选配法、修配法和调整法四类。

1)互换法再制造装配

互换法再制造装配是指用控制再制造加工零件或购置零件的误差来保证装配精度的方法。按互换的程度不同,可分为完全互换法与部分互换法。

完全互换法是指再制造产品在装配过程中每个待装配零件不需挑选、修配和调整,直接抽取装配后就能达到装配精度要求。此类装配工作较为简单,生产率高,有利于组织生产协作和流水作业,对工人技术要求较低。

部分互换法是指将各相关再制造零件、新品零件的公差适当放大,使再制造加工或者购买配件容易而经济,又能保证绝大多数再制造产品达到装配要求。部分互换法是以概率论为基础的,可以将再制造装配中可能出现的废品控制在一个极小的比例之内。

2)选配法再制造装配

选配法再制造装配是指当再制造产品的装配精度要求极高、零件公差限制很严时,将再制造中零件的加工公差放大到经济可行的程度,然后在批量再制造产品装配中选配合适的零件进行装配,以保证再制造装配精度。根据选配方式不同,又可分为直接选配法、分组装配法和复合选配法。

直接选配法是指废旧零件按经济精度再制造加工,凭工人的经验直接从待装的再制造零件中,选配合适的零件进行装配。这种方法简单,装配质量与装配工时在很大程度上取决于工人的技术水平,一般用于装配精度要求相对不高、装配节奏要求不严的小批量生产的装配中,如发动机再制造中的活塞与活塞环的装配。

分组装配法是指对于公差要求很严的互配零件,将其公差放大到经济再制造精度,然后进行测量并按原公差分组,按对应组分别装配。

复合选配法是指上述两种方法的复合。先将零件测量分组,装配时再在各对应组内凭工人的经验直接选择装配。这种装配方法的特点是配合公差可以不等,其装配质量高,速度较快,能满足一定生产节拍的要求。

3)修配法再制造装配

修配法再制造装配是指预先选定某个零件为修配对象,并预留修配量,在装配过程中,根据实测结果,用刮、研等方法,修去多余的金属,使装配精度达到要求。修配法再制造装配能利用较低的零件加工精度来获得很高的装配精度,但修配工作量大,且多为手工劳动,要求较高的操作技术。此法主要适用于小批量的再制造生产类型。实际再制造生产中,利用修配法原理来达到装配精度的具体方法有按件修配法、就地加工修配法、合并加工修配法等。

按件修配法是指在进行再制造装配时,对于预定的修配零件,采用去除金属材料的办法改变其尺寸,以达到装配要求的方法。就地加工修配法主要用于机床再制造业中,指在机床装配初步完成后,运用机床自身具有的加工手段,对该机床上预定的修配对象进行自我加工,以达到某一项或几项装配要求。合并加工修配法是将两个或多个零件装配在一起后,进行合并加工修配,以减少累积误差,减少修配工作量。

4)调整法再制造装配

调整法再制造装配是指用一个可调整零件,装配时或者调整它在机器中的位置,或者增加一个定尺寸零件如垫片、套筒等,以达到装配精度的方法。用来起调整作用的这两种零件都起到补偿装配累积误差的作用,称为补偿件。常用的具体调整法有两种:可动调整法(即采用移动调整件位置的方法来保证装配精度,调整过程中不需拆解调整件,比较方便)和固定调整法(即选定某一零件为调整件,根据装配要求来确定该调整件的尺寸,以达到装配精度)。但无论采用哪种方法,一定要保证装配后产品的质量,满足寿命周期的使用要求,否则就要采用尺寸恢复法来恢复零件尺寸公差要求。

3. 再制造装配工艺制定

再制造装配工艺是指将合理的装配工艺过程按一定的格式编写成的书面文件,是再制造过程中组织装配工作、指导装配作业、设计或改建装配车间的基本依据之一。制定再制造装配工艺规程可参照产品制造过程的装配工艺,按以下步骤进行:

(1)再制造产品分析。

再制造产品是原产品的再创造,应根据再制造方式的不同对再制造产品进行分析,必要时会同设计人员共同进行。

(2)产品图样分析。

通过分析图样,熟悉再制造装配的技术要求和验收标准。

（3）进行产品结构的尺寸分析和工艺分析。

尺寸分析是指进行再制造装配尺寸链的分析和计算,确定保证装配精度的装配工艺方法;工艺分析是指对产品装配结构的工艺性进行分析,确定产品结构是否便于装配。在审查过程中,如果发现属于设计结构上的问题或有更好的改进设计意见,应及时会同再制造设计人员加以解决。

为方便组织平行、流水作业,一般情况下再制造装配单元可划分五个等级:零件、合件、组件、部件和产品。表示装配单元划分的方案称为装配单元系统示意图。同一级的装配单元在进入总装前互相独立,可以同时平行装配。各级单元之间可以流水作业。这对组织装配、安排计划、提高效率和保证质量十分有利。

（4）确定装配的组织形式。

装配的组织形式可根据产品的批量、尺寸和重量的大小分为固定式和移动式两种。单件小批、尺寸大、质量重的再制造产品用固定式装配,其余用移动式装配。再制造产品的装配方式、工作点分布、工序的分散与集中以及每道工序的具体内容都要根据装配的组织形式而确定。

（5）拟定装配工艺过程。

装配单元划分后,各装配单元的装配顺序应当以理想的顺序进行。这一过程中应考虑的内容有:确定装配工作的具体内容;确定装配工艺方法及设备;确定装配顺序;确定工时定额及工人的技术等级。

（6）编写工艺文件。

编写工艺文件是指装配工艺规程设计完成后,将其内容固定下来的工艺文件,主要包括装配图(产品设计的装配总图)、装配工艺系统图、装配工艺过程卡片或装配工序卡片、装配工艺设计说明书等。其编写要求可以参考制造过程中的装配工艺规程编写要求进行。

4. 再制造发动机的总装配

再制造发动机的装配工艺过程的安排必须根据发动机自身的构造、特点、工具设备、技术条件和劳动组合等来安排,但也不是千篇一律的。发动机中每一个零件都属于一定的装配级别,低级别零件一般都是在流水线外进行分装,把低级别零件组合成总成零件,总成零件再组成高一级别的零件,如进气管总成、活塞总成、缸盖总成。高级别零件和总成零件在流水线上进行装配。在开始装配发动机前,应细致检查和彻底清洗气缸体和各油道,然后按照顺序将零件清洗擦拭干净,检查后进行装配。一般可按下列顺序进行再制造发动机的总装配。

1)安装曲轴

将气缸体倒置在工作台上,把主油道堵头螺塞涂漆拧紧;装上飞轮壳;将主轴承上片放入轴承座内,涂上清洁机油;将装好飞轮的曲轴放在轴承内;将原有垫片和各轴承盖装在各轴颈上,并涂上清洁机油,按规定转矩依次旋紧主轴承螺栓,每上紧一道轴承时,转动曲轴几圈,可及时察觉有何变化,当全部轴承拧紧后,用于扳动飞轮或曲轴臂时,应能转动,曲轴轴向间隙应符合要求,然后用铁丝将螺栓锁住。

2)安装活塞连杆组

将气缸体侧放,使凸轮轴轴承孔的一端向上,将不带活塞环的活塞连杆组气缸装合,检查活塞偏缸情况,并注意装好轴承、按规定扭力拧紧连杆螺母,检查活塞头部前后两方在上、下止点中部与缸壁的配合间隙,允许相差不大于 0.10mm,否则应校正连杆,检查后将活塞连杆抽出,安装活塞环,有内切角的气环为第一环,切角面向上。第二环和第三环有外切角的一面向下。装入气缸前,在活塞外圆、销孔、活塞环槽、气缸壁和轴承表面,涂以清洁机油。然后将环的开口在圆周上按 120°均匀错开。用活塞布箍压紧活塞环,用锤子木柄推入气缸。按规定转矩拧紧连杆螺母,转矩为 118～128N·m。装好防松装置;装好后,用锤子沿曲轴轴线前后轻敲轴承盖时连杆能轻微移动,全部装好后转动曲轴,应松紧适度。

3)安装凸轮轴

先将隔圈、止推突缘及正时齿轮装配在凸轮轴上。安装凸轮轴时,将凸轮轴各道轴颈涂上机油,装入凸轮轴轴承。装上凸轮轴后,应与轴上的正时齿轮记号对正,然后拧紧凸轮止推突缘紧固螺栓,并检查正时齿轮啮合间隙。

4)安装正时齿轮盖

先将主油道减压阀装好,出油门应朝向正时齿轮。再装上正时齿轮旁盖。将正时齿轮衬垫和已装好油封的正时齿轮盖装上。再装上发动机支架(平面朝前)、装好带轮和起动爪,然后均匀对称地将正时齿轮盖拧紧。

5)安装液压泵和油底壳

将发动机制置,装好液压泵(泵内灌满机油)和集滤器。装好分电器传动轴,凹槽应与曲轴平行。清洁曲轴箱下平面,在衬垫上涂以凡士林或胶黏剂,扣上油底壳(机油盘),均匀对称地拧紧全部螺栓。放油塞应重紧一次。

6)安装气缸盖

顶置式气门的发动机装气缸盖之前,先将气门、气门弹簧等装好。然后装上气缸垫和气缸盖,按规定顺序和转矩拧紧螺栓。然后将气门摇臂和摇臂轴装入摇臂轴座,并一起装在气缸盖上。装上气门挺杆和推杆,调整气门间隙,装上气门室盖。在装配气门、摇臂及摇臂轴时,应涂上清洁机油。安装侧置式气门发动机缸盖时,气缸垫光滑的一面向着气缸体平面,转动曲轴,检查确认活塞不碰气缸垫后,再装上气缸盖。最后按规定顺序分两步按规定转矩拧紧气缸盖螺栓(螺母)。

7)安装进、排气歧管和离合器

装上衬垫(光滑面向进、排气歧管)和进、排气歧管。将飞轮、离合器压盘、中间压盘工作面和摩擦片擦拭干净。用变速箱第一轴作导杆,套上离合器总成(两个被动盘的短毂相对),然后均匀拧紧螺栓,将离合器固定在飞轮上。

　　8)安装电气设备及附件

　　(1)安装水泵、发电机、空气压缩机、风扇带并调整其松紧度;安装节温器及气缸盖出水管;安装水温表传感。

　　(2)安装机油过滤器(粗、细),如安装机油压力表传感器。

　　(3)安装起动机。

　　(4)安装分电器、火花塞和高压线,并按发动机工作顺序,校正点火正时,接好点火系线路(如冷磨可暂时不接)。

　　(5)安装液压泵、化油器、空气过滤器及其连接管。

　　(6)安装曲轴箱加油管,插入检查油尺。

　　(7)安装并固定在试验台架上,加注机油、冷却水,并进行检查,准备冷磨和热试。

3.3.6　再制造产品磨合试验工艺与技术

　　1. 基本概念

　　经过装配获得的再制造产品,在投入正常使用之前一般要进行磨合与试验,以保证再制造产品的使用质量。

　　再制造磨合是指再制造产品装配之后,通过一段时间的运转,使相互配合的零部件间关系趋于稳定,主要是指配合零件在摩擦初期表面几何形状和材料表层物理性能、力学性能的变化过程。它通常表现为摩擦条件不变时,摩擦力、磨损率和温度的降低,并趋于稳定值(最小值)。其目的是:发现再制造加工和装配中的缺陷并及时加以排除;改善配合零件的表面质量,使其能承受额定的载荷;减少初始阶段的磨损量,保证正常的配合关系,延长产品的使用寿命;在磨合和试验中调整各机构,使零部件之间相互协调工作,得到最佳动力性和经济性。

　　在磨合初期,摩擦副处于边界摩擦或混合摩擦状态。为了防止磨合中擦伤、胶合、咬死的发生以及提高磨合质量、缩短磨合时间,还采用磨损类型转化的方法,将严重的磨损转化为轻微的腐蚀磨损或研磨磨损。例如,根据金属表面与周围介质相互作用可以改变表面性能的现象,在磨合用润滑油中加入硫化添加剂、氯化添加剂、磷化添加剂或聚合物(如聚乙烯,聚四氟乙烯)等。这些添加剂在一定的条件下与表面金属起作用,生成硫化物、磷化物或其他物质,它们都是易剪切的。又如,在发动机磨合时,可以在燃油中加入油酸铅,使燃烧后能生成细小颗粒的氧化铅。氧化铅对摩擦表面起研磨抛光作用,因此可抑制严重黏着磨损的发生和缩短磨合时间。

　　再制造试验是指对产品或其零部件的特性进行的试验或测定,并将结果与规定的要求进行比较,以确定其符合程度的活动。再制造试验应按试验规范进行。

试验规范是再制造试验时应遵守的技术文件,通常规定试验条件(如温度、湿度等)、试验方法(包括样品准备、操作程序和结果处理)和试验用仪器、试剂等。根据试验规范进行再制造试验,所得结果与原定标准相互比较,可以评定被试对象的质量和性能。

2. 磨合的影响因素

1)负荷和速度

负荷、速度以及负荷和速度的组合对磨合质量和磨合时间影响很大。在磨合一开始,摩擦表面薄层的塑性变形部分随负荷的增加而增加,使总功、发热量和能量消耗随之增加。试验研究表明,对一定的摩擦副,当其承受的负荷不超过临界值时,粗糙度减小,表面质量得到改善。当超过临界值时,磨合表面将变得粗糙,摩擦系数和磨损率都将提高。速度是影响摩擦表面发热和润滑过程的重要参数。因此初始速度不能太高,但也不可过低,终止速度应接近正常工作时的速度。

2)磨合前零件表面的状态

零件表面状态主要是指零件表面的粗糙度和物理机械性质。磨合前零件表面粗糙度对磨合质量产生直接影响。在一定的表面粗糙度下,两个表面只能在轮廓的峰顶接触。在两表面间有相对运动时,由于实际接触面积小,轮廓的峰顶易于磨损掉。同时,磨合过程中轻微的磨痕有助于保持油膜,改善润滑状况。当零件表面粗糙度值过大时,在规定的初始磨合规范下形成了大量、较深的划痕或擦伤,其后的整个磨合过程都不易将这些过量磨损消除。要达到预期磨合质量标准,就必须延长磨合时间,增大磨损量,结果使组件的配合间隙增大,不仅影响了正常工作,还缩短了使用寿命。相反,在零件表面粗糙度值过小时,因为表面过于光滑,表面金属不易磨掉。

在磨合过程中,表面粗糙度不断变化并趋于某一稳定值,即平衡粗糙度。平衡粗糙度是该摩擦条件下的最佳粗糙度,与之相对应的磨损率最低、摩擦系数最小。平衡粗糙度与原始粗糙度无关是磨合的重要规律之一。虽然原始粗糙度不影响平衡粗糙度,但它影响磨合的持续时间和磨合时的磨损量。因此使零件表面的原始微观几何形状接近于正常使用条件下的微观几何形状就可以大大缩短磨合时间,节省能源。

3)润滑油的性质

与磨合质量直接有关的润滑油的性质是油性、导热性和黏度。油性是润滑油在金属表面上的附着能力,油性好,能减少磨合过程中金属直接接触的机会和减轻接触的程度。导热性是油的散热性,散热性好可以降低金属的温度,减轻热黏着磨损的程度或防止其产生,同时还可以减少或避免润滑油的气化。影响液体流动的性质,浸入较窄的裂纹中起到润滑和冷却作用,带走磨屑,降低零件表面的温度。

在磨合期,摩擦力大,摩擦表面温度高,磨损产物多,因此对润滑油的要求是流动性好,散热能力强。为了减小磨合到平衡粗糙度时的磨损量,防止零件表面在磨合中擦伤,润滑油还必须具有较强的形成边界膜(吸附膜和反应膜)的能力。

4)再制造产品的整装试验

再制造试验是按照试验规范进行操作的,以检验再制造零部件质量,试验合格后才能转入下一工序。整装试验的主要任务是检查总装配的质量,各零部件之间的协调配合工作关系,并进行相互连接的局部调整。整装试验一般包括试运转、空载试运转及负载试运转三部分。

5)试运转

试运转的目的是综合检验产品的运转质量,发现和消除产品由于设计、制造、维修、储存和运输等原因造成的缺陷,并进行初步磨合,使产品达到规定的技术性能,工作在最佳的运行状态。产品试运转工作对正常运转质量有着决定性的作用,应引起高度重视。

为了防止产品的隐蔽缺陷在试运转中造成重大事故,试运转之前应依据使用维护说明书或试验规范对设备进行较全面的检查、调整和冷却润滑剂的添加。同时,试运转必须遵守先单机后联机、先空载后负载、先局部后全体、先低速后高速、先短时后长时的原则。

6)空载试运转

空载试运转是为了检查产品各个部分相互连接的正确性和进行磨合。通常是先进行调整试运转再进行连续空载试运转,目的在于揭露和消除产品存在的某些隐蔽缺陷。

产品起动前必须严格清除现场一切遗漏的工具和杂物,特别是要检查产品旋转机件附近是否有散落的零件、工具及杂物等;检查紧固件有无松动;对各润滑点,应根据规定按质按量地加注相应类型的润滑油或润滑脂;检查供油、供水、供电、供气系统和安全装置等工作是否正常,并设置必要的警告标识,尤其是高速旋转,内含高压、高温液体的部件或位置必要时应设置防护装置,防止出现意外事故及人身伤害。只有确认产品完好无损时,才允许进行运转。

经调整试运转正常后,开始连续空载试运转。连续空载试运转在于进一步试验各连接部分的工作性能和磨合有相对运动的配合表面。连续空载试运转的试验时间应根据所试验的产品或设备的使用制度确定,周期停车和短时工作的设备可短些,长期连续工作的设备或产品可长些,最少不少于2~3h。对于精密配合的重要设备,有的需要空载连续运转达10h。若在连续试运转中发生故障,经中间停车处理,仍须重新连续运转达到最低规定时间的要求。空载试运转期间,必须检查摩擦组合的润滑和发热情况,运转是否平稳,有无异常的噪声和振动,各连接部分密封或紧固性等。若有失常现象,应立即停车检查并加以排除。

7) 负载试运转

负载试运转是为了确定产品或设备的承载能力和工作性能指标,应在连续空载试运转合格后进行。负载试运转应以额定速度从小载荷开始,经证实试运转正常后,再逐步加大载荷,最后达到额定载荷。对于一些设备,为保证其在规定的载荷条件下能够长期有效地工作,负载试运转时,会要求在超载 10%,甚至超载 25% 的条件下试运转。当在额定载荷下试运转时,应检查产品或设备能否达到正常工作的主要性能指标,如动力消耗、机械效率、工作速度、生产率等。

3. 再制造产品磨合试验系统

再制造产品磨合试验系统是实现磨合与试验的必要条件,其技术性能、可靠性水平、易操作性等决定着能否达到磨合与试验规范的要求,决定着能否实现磨合与试验的目的,最终决定再制造产品的质量。因此,磨合试验系统在保证再制造质量方面具有重要意义。

1) 磨合试验系统的基本要求

(1) 符合试验规范的要求,达到质量控制的目的。

(2) 试验检测参数要合理,数据可靠,显示直观,可对试验过程各参数进行记录,有利于对再制造质量进行分析。

(3) 加强对试验过程进行控制,可对试验中出现的异常现象进行报警提示。

(4) 根据试验时测取的参数生成试验结果,并可方便地保存、查询和打印。

(5) 试验系统要技术先进,为进一步开发留有接口。选择与研制修后试验设备应考虑的主要因素有设备的适应性、对再制造质量的保证程度、生产效率、生产安全性、经济性及对环境的影响等方面。

2) 磨合试验系统的一般构成

磨合试验系统通常由机械平台部分、动力及电气控制系统和数据采集、处理及显示系统三部分构成。

(1) 机械平台部分通常由底座、动力传动装置、操纵装置、支架等构成,主要完成各被试件的支撑、动力的传递、试验过程中对被试件的操控。

(2) 动力及电气控制系统通常由电机(常用动力源)、电机控制装置、电气保护装置等组成,主要为试验提供动力,完成试验系统的通断控制、电力分配、过载保护控制、电机控制等主要功能。

(3) 数据采集、处理及显示系统主要由信息采集装置(传感器)、信号预处理装置(放大器、滤波器)、数据采集及处理系统等组成,通过多种类型的传感器,实现了多种被测参数的采集,通过放大、滤波等预处理转换为可采集的标准信号。通过数据采集,实现信号的模数转换,经数字滤波和标定后,由计算机或仪表进行显示。

3.3.7　再制造产品的涂装工艺与技术

1. 再制造产品的涂装

1) 概述

再制造产品磨合试验后,合格产品要进行喷涂包装,即油漆涂装。再制造产品的油漆涂装是指将油漆涂料涂覆于再制造产品基底表面形成特定涂层的过程。再制造产品油漆涂装的作用主要可分为保护作用、装饰作用、色彩标志作用和特殊防护作用四种。

用于油漆涂装的涂料是由多种原料混合制成的,每个产品所用原料的品种和数量各不相同,根据它们的性能和作用,综合起来可分为主要成膜物质、次要成膜物质和辅助成膜物质三部分。主要成膜物质是构成涂料的基础,指涂料中所用的各种油料和树脂,它可以单独成膜,也可与颜料等物质共同成膜。次要成膜物质指涂料中的各种颜料和增韧剂,其作用是构成漆膜色彩,增强漆膜硬度,隔绝紫外线的破坏,提高耐久性能。增韧剂是增强漆膜韧性、防止漆膜发脆、延长漆膜寿命的一种材料。辅助成膜物质指涂料中的各种溶剂和助剂,它不能单独成膜,只对涂料在成膜过程中的涂膜性能起辅助促进作用,按其作用不同可分为催干剂、润湿剂、悬浮剂等,一般用量不大。溶剂在涂料(粉末涂料除外)中所占的比例较大,但在涂料成膜后即全部挥发,故称为挥发份。留在物面上不挥发的油料(油脂)、树脂、颜料和助剂,统称为涂料的固体份,即"漆膜"。

2) 涂装的设备

涂装工具是提高涂装工效和质量的重要手段,只有工具齐全、品质优良,才能使涂装施工速度快、效率高、质量好。油漆涂装使用的工具种类很多,按其用途可分为清理工具、刷涂工具、刮涂工具、喷涂工具、擦涂工具和修饰工具等。

(1) 清理工具常用的清理工具有钢丝刷、扁铲、钢刮刀、钢铲刀、嵌刀、凿刀、敲锤等,其中,钢丝刷、扁铲、钢刮刀、钢铲刀及敲锤主要用于金属基层表面的锈蚀、焊渣以及旧漆的清除等。

(2) 刷涂工具。常用的刷涂工具有猪鬃刷(毛刷)、羊毛刷(羊毛排笔)、鬃毛刷等。

(3) 刮涂工具。按其用途可分为木柄刮刀(简称刮刀或批刀)、钢片刮板、铜片刮板、木刮板、骨刮板、橡胶刮板等。

(4) 喷涂工具。主要指喷枪,市场上出售的有进口喷枪和国产喷枪。同时,还需备有压缩空气机、空气过滤器等设备,以及相应的通风设施。

(5) 擦涂工具。擦涂工具主要指擦涂用的各种干净布等。

(6) 修饰工具。常用的修饰工具主要有大画笔、小画笔及毛笔等。

3) 涂装的操作

油漆涂装要经过基层处理、刷涂、刮涂与打磨等预处理工序,然后进行喷涂或搓涂,完成最后的涂装工序。

基层处理是指彻底去除待喷漆表面的锈蚀、污垢等杂质并清洗干净,并对不需涂漆的部位加以遮盖。基层处理操作的质量高低,不仅影响下道工序的进行,同时对下道工序的施工质量也有不同程度的影响。汽车零部件的基层处理,多采用机械处理与手工处理两种方式。机械处理法就是喷砂除锈法。铸铁工件因表面易残留砂粒,手工处理时应先清除残砂,再用砂布全面打磨光滑,用压缩空气或毛刷清除死角处的积灰。

油漆涂装的最后工序是喷涂或搓涂。喷涂是油漆涂装中最常用的工艺方法,搓涂是油漆涂装行业技能要求较高的手工工艺。目前,喷涂方法主要有立面喷涂、平面喷涂与异形物面喷涂三种操作方法。

立面喷涂就垂直物面喷涂。对这种物面的喷涂,由于喷涂方向与物面垂直,喷涂时易产生流淌或流挂。喷涂立面的技能要求是能正确掌握好喷涂间距、喷涂角度、移动速度等因素。

平面喷涂较立面喷涂好掌握,厚喷时不存在流淌、流挂现象,喷涂时的视线好,眼睛能随喷枪的移动直视于被喷物面,观察漆膜的厚薄(均匀度),以便及时回枪进行补喷。目视中要顺光线检查喷后的漆膜情况,如有漏枪(局部漆膜过薄而显示的粗糙面),要及时补喷均匀。

对异形物面的喷涂中,除控制好适宜的喷涂速度与喷涂角度外,还应掌握好喷枪的移动速度、压缩空气压力的大小、喷涂使用的涂料种类以及涂层的结构等。通常来说,喷涂异形物面时,操作要灵活机动,快而敏捷,时喷时关。对如螺栓、圆棱等较多的部位,要勤关枪,少喷涂,以防产生流淌、流挂。喷涂时,要枪到眼到,边喷涂边检查,如有漏喷或漏枪(漆膜过薄),应及时回枪喷涂均匀。喷涂时的气压宜小不宜大,否则喷出的射流量足,易产生流漆或积漆。每件制品喷过后,应及时从上到下、从里到外进行检查。若次要部位出现流漆严重,可待漆膜干后用砂纸或砂布将流漆(流淌或流挂)磨平;若主要部位(主要饰面)出现流漆,则必须用溶剂将流漆擦净,重新喷涂。

2. 再制造产品的包装

1)概述

包装是现代产品生产不可分割的一部分,它是指为在流通中保护产品、方便储运、促进销售,按一定的技术方法,对所采用的容器、材料和辅助物施加的全部操作活动。再制造产品的包装是指为了保证再制造产品的原有状态及质量,在运输、流动、交易、储运及使用中,为达到保护产品、方便运输、促进销售的目的,而对再制造产品所采取的一系列技术手段。包装的作用主要有以下三点:

①保护功能,指使产品不受各种外力的损坏。
②便利功能,指便于使用、携带、存放、拆解等。

③销售功能,指能直接吸引需求者的视线,让需求者产生强烈的购买欲望,从而达到促销的目的。

2)产品包装材料及容器

产品包装材料包括基本材料(纸类材料、塑料材料、玻璃材料、金属材料、陶瓷材料、竹木材料以及其他复合材料等)和辅助材料(黏合剂、涂料和油墨等)两大部分。产品包装材料是包装功能得以实现的物质基础,直接关系到包装的整体功能、经济成本、生产加工方式及包装废弃物的回收处理等多方面的问题。

再制造产品大多为机电产品,从现代包装功能来看,再制造产品的包装材料应具有的性能有保护性能、可操作性能、附加价值性能、方便使用性能、良好的经济性能、良好的安全性能等。机电类再制造产品的包装材料以塑料、纸、木材、金属和其他辅助材料为主。其中,木质材料指木材、胶合板和纤维板等;纸质材料可分为原纸、原纸板和加工纸、加工纸板等;金属材料主要有钢板(包括黑铁皮、白铁皮、可锻铸铁和镀铅钢板)、铝板(包括纯铝板、合金铝板)和铝筒等;塑料包装材料包括薄膜、片材、泡沫塑料等;辅助材料包括防锈、防潮和防霉等材料。

机电类再制造产品包装容器按材料不同,通常分为木容器、纸容器、金属容器、塑料容器等。机电产品常用运输包装的木容器主要为木箱,可分为普通木箱、滑木箱和框架木箱三类;包装用纸箱主要是瓦楞纸箱,包括单瓦楞纸箱和双瓦楞纸箱;金属容器主要是用薄钢板、薄铁板、铝板等金属材料制成的包装容器,多为金属箱和专用金属罐。

3)包装技术

与机电类再制造产品相关的包装技术主要有防震保护技术、防破损保护技术、封存包装技术等。

(1)防震保护技术。

防震包装又称缓冲包装,在各种包装方法中占有重要地位。产品从生产出来到开始使用要经过一系列的运输、保管、堆码和装卸过程,置于一定的环境之中。在任何环境中都会有力作用在产品上,并使产品发生机械性损坏。为了防止产品遭受损坏,就要设法减小外力的影响,所谓防震包装就是指为减缓内装物受到冲击和振动,保护其免受损坏所采取的一定防护措施的包装。防震包装主要有三种方法,即全面防震包装方法、部分防震包装方法和悬浮式防震包装方法。

(2)防破损保护技术。

缓冲包装有较强的防破损能力,因而是防破损包装技术中有效的一类。此外还可以采取的防破损保护技术有:

①捆扎及裹紧技术。通过使杂货、散货形成一个牢固整体,以增加整体性,便于处理及防止散堆来减少破损。

②集装技术。利用集装,减少与货体的接触,从而防止破损。

③选择高强保护材料。通过外包装材料的高强度来防止内装物受外力作用而破损。

3. 封存包装技术

1)防锈油防锈蚀包装技术

通过防锈油使金属表面与引起大气锈蚀的各种因素隔绝(即将金属表面保护起来),达到防止金属大气锈蚀的目的。用防锈油封装金属制品,要求油层要有一定厚度、连续性好、涂层完整。不同类型的防锈油要采用不同的方法进行涂覆。

2)气相封存包装技术

指用气相缓蚀剂(挥发性缓蚀剂),在密封包装容器中对金属制品进行防锈处理的技术。气相缓蚀剂是一种能减慢或完全停止金属在侵蚀性介质中破坏过程的物质,它在常温下具有挥发性,在密封包装容器中,在很短的时间内挥发或升华出的缓蚀气体就能充满整个包装容器,同时吸附在金属制品的表面上,从而起到抑制大气对金属锈蚀的作用。

3)防霉腐包装技术

防霉烂变质包装主要针对的是各类食品的包装,通常是采用冷冻包装、真空包装或高温灭菌方法。如果再制造后的机电产品有相关的防霉腐要求,可以使用防霉剂。包装机电产品的大型封闭箱,可酌情开设通风孔或通风窗等相应的防霉措施。

4)特种包装技术

(1)充气包装。

充气包装是采用二氧化碳气体或氮气等不活泼气体置换包装容器中空气的一种包装技术方法,因此也称为气体置换包装,主要是达到防霉、防腐和保鲜的目的。

(2)真空包装。

真空包装是将物品装入气密性容器后,在容器封口之前抽真空,使密封后的容器内基本没有空气的一种包装方法。

(3)收缩包装。

收缩包装是用收缩薄膜裹包物品(或内包装件),然后对薄膜进行适当加热处理,使薄膜收缩而紧贴于物品(或内包装件)的包装技术方法。

(4)拉伸包装。

拉伸包装是依靠机械装置在常温下将弹性薄膜围绕被包装件拉伸、紧裹,并在其末端进行封合的一种包装方法。由于拉伸包装不需要进行加热,所以消耗的能源只有收缩包装的 1/20。拉伸包装可以捆包单件物品,也可用于托盘包装之类的集合包装。

5)再制造产品的绿色包装

绿色包装是指对生态环境和人体健康无害,能重复使用或再生利用,符合可持续发展原则的包装。绿色包装要求在产品包装的整个生命周期内,既能经济地满足包装的功能要求,又特别强调了环境协调性,要求实现包装的减量化、再利用、再循环的 3R 原则。合理的包装结构设计和材料选择是实施绿色包装的重要前提和条件,它对包装的整个生命周期环境影响起着关键性的作用。再制造产品的绿色包装可按照以下几个方面来设计:

(1)通过合理的包装结构设计,提高包装的刚度和强度,节约材料。合理的包装结构设计不仅可以保护产品,而且还会因为包装强度和刚度提高,降低对二次包装和运输包装的要求,减少包装材料的使用。例如,对于箱形薄壁容器,为了防止容器边缘的变形,可以采用在容器边缘局部增加壁厚的结构形式提高容器边缘的刚度。经研究表明,增加其产品的内部结构强度,可以减少 54% 的包装材料、降低 62% 的包装费用。

(2)通过合理的包装形态设计,节约材料。包装形态的设计取决于被包装物的形态、产品运输方式等因素,而不同的包装形状对应的材料利用率也是不同的,合理的形状可有效减少材料的使用。各种几何体中,若容积相同,则球体的表面积最小;对于棱柱体来说,立方体的表面积要比长方体的表面积小;对于圆柱体来说,当圆柱体的高等于底面圆的直径时,其表面积最小。

(3)从材料的优化下料出发,实现节省材料。合理的板材下料组合,可达到最大的材料利用率。在实际生产中,通过采用计算机硬件及软件技术,输入原材料规格及各种零件的尺寸、数量,就可以得到优化的下料方案,能有效地解决各种板材合理套裁问题,最大程度地节约材料。

(4)避免过度包装。过度包装是指超出产品包装功能要求之外的包装。为了避免过度包装,可采取减少包装物的使用数量、尽可能减少材料的使用、选择合适品质的包装材料等措施。

(5)在包装材料的明显处,标出各种回收标志及材料名称。完整的回收标志及材料名称,将大大减少人工分离不同材料所需的时间,提高分离的纯度,极大地方便包装材料的回收和利用。

(6)合理选择包装材料。绿色包装设计中的材料选择应遵循的原则有:选择轻量化、薄型化、易分离、高性能的包装材料;选择可回收和可再生的包装材料;选择可降解包装材料;利用自然资源开发的天然环保的包装材料;尽量选用纸包装。

3.3.8　再制造产品的说明书编写

在完成的再制造产品包装中,还应该包含再制造产品说明书和质量保证书。再制造产品说明书和质量保证书的编写,也是再制造过程中的重要内容。再制造产品说明书可参照原产品说明书的内容编写,主要内容包括产品简介、产品使用说明书、产品维修手册等。

1. 产品简介

产品简介的主要使用对象是经销单位和使用单位的采购人员、工程技术人员和有关领导。产品简介的作用是直观、形象地向顾客介绍产品,作为宣传、推销产品的手段。在产品简介中,对产品的用途、主要技术性能、规格、应用范围、使用特点、注意事项等,要作出简要的文字说明,并配以图片。尤其是在编写中要突出再制造产品的特色,突出绿色产品的概念,明确与原制造产品在结构和性能上的异同点。还可以就生产企业的生产规模、技术优势、质量保证能力等基本情况作简要介绍,使用户对企业概貌也有所了解,增进用户对生产企业及其产品的信任感。

2. 产品使用说明书

产品使用说明书的使用对象是消费者个人或主机厂的操作人员,它的作用在于使用户能够正确使用或操作,充分发挥产品的功能。同时,它还要使用户了解安全使用、防止意外伤害的要点。因此编写简明、直观、形象的使用说明书,是技术服务中一项十分重要的工作内容。产品使用说明书的主要内容可包括:

(1)规格,主要指技术参数、性能。

(2)安装,指产品启封后使用的装配、连接方法。

(3)操作键,包括产品上各种可操作的开关、旋钮、按键名称,以及指示灯、数码管、蜂鸣器、显示屏等显示、报警装置的位置和作用。

(4)工作程序,指为实现产品各种功能必须遵守的使用、操作方法和程序。

(5)维护要求,指在产品使用过程中应采取的清洁、润滑、维护方法。

(6)故障排除方法,主要指常见的一般故障的排除方法。

(7)注意事项,通常包括根据产品特点提出的维修保养、防止错误操作、避免人身伤害等事项。

3.4 质量检测要求及过程

再制造检测是指在再制造过程中,借助各种检测技术和方法,确定拆解后废旧零件的表面尺寸及其性能状态等,以决定其弃用或再制造加工的过程。废旧零件通常都是长期使用过的零件,这些零件的工况对再制造零件的最终质量有很大影响。零件的损伤,不管是内在质量还是外观变形,都要经过仔细检测,根据检测结果,进行再制造性综合评价,决定该零件在技术上和经济上进行再制造的可行性。

拆解后废旧零件的鉴定与检测工作是产品再制造过程的重要环节,是保证再制造产品质量的重要步骤。它不但能决定毛坯的弃用,影响再制造成本,提高再制造产品的质量稳定性,还能帮助决策失效毛坯的再制造加工方式,是再制造过程中一项至关重要的工作。所以,鉴定与检测工作是保证最佳化资源回收和再制造产品质量的关键环节,应给予高度重视。

再制造检测的要求和作用:

(1)在保证质量的前提下,尽量缩短再制造时间,节约原材料、新品件、工时,提高毛坯的再制造度和再制造率,降低再制造成本。

(2)充分利用先进的无损检测技术,提高毛坯检测质量的准确性和完好率,尽量减少或消除误差,建立科学的检测程序和制度。

(3)严格掌握检测技术要求和操作规范,结合再制造性评估,正确区分直接再利用件、需再制造件、可材料再循环件及环保处理件的界限,从技术、经济、环保、资源利用等方面综合考虑,使得环保处理量最小化、再利用和再制造量最大化。

根据检测结果和再制造经验,对检测后的毛坯进行分类,并对需再制造的零件提供信息支持。

用于再制造的毛坯要根据经验和要求进行全面质量检测,同时根据毛坯的具体情况,各有侧重。一般情况下,再制造毛坯检测包括以下几个方面的内容:

(1)毛坯的几何精度包括毛坯零件的尺寸、形状和表面相互位置精度等。这些信息均对产品的装配和质量造成影响。通常需要检测零件的尺寸、圆柱度、圆度、平面度、直线度、同轴度、垂直度等。根据再制造产品的特点及质量要求,对零件装配后的配合精度要求也要在检测中给予注意。

(2)毛坯的表面质量包括表面粗糙度、擦伤、腐蚀、磨损、裂纹、剥落、烧损等缺陷,并对存在缺陷的毛坯确定再制造方法。

(3)毛坯的理化性能包括零件硬度、硬化层深度、应力状态、弹性、刚度、平衡状况及振动等。

(4)毛坯的潜在缺陷。包括毛坯内部的夹渣、气孔、疏松、空洞、焊缝等缺陷及微观裂纹等。

(5)毛坯的材料性质。包括毛坯的合金成分、渗碳层含碳量、各部分材料的均匀性、高分子类材料的老化变质程度等。

(6)毛坯的磨损程度。根据再制造产品的寿命周期要求,正确检测判断摩擦磨损零件的磨损程度,并预测其再使用时的情况。

(7)毛坯表层材料与基体的结合强度。包括电刷镀层、喷涂层、堆焊层和基体金属的结合强度等。

3.4.1　再制造毛坯检测方法

1. 感官检测法

感官检测法是指不借助量具和仪器,只凭检测人员的经验和感觉来鉴别毛坯技术状况的方法。这类方法精度不高,只适于分辨缺陷明显(如断裂等)或精度要求低的毛坯,并要求检测人员具有丰富的实践检测经验和技术。其具体方法有:

(1)目测。用眼睛或借助放大镜来对毛坯进行观察和宏观检测,如倒角、裂纹、断裂、疲劳剥落、磨损、刮伤、蚀损、变形、老化等。

(2)听测。借助敲击毛坯时的声响判断技术状态。零件无缺陷时,声响清脆,内部有缩孔时声音相对低沉;内部有裂纹时声音嘶哑。听声音可以进行初步检测,对重点件还需要进行精确检测。

(3)触测。用于与被检测的毛坯接触,可判断零件表面温度高低和表面粗糙程度、明显裂纹等;使配合件做相对运动,可判断配合间隙的大小。

2. 测量工具检测法

测量工具检测法是指借助测量工具和仪器,较为精确地对零件的表面尺寸精度和性能等技术状况进行检测的方法。这种方法相对简单,操作方便,费用较低,一般均可达到检测精度要求,所以在再制造毛坯检测中应用广泛。其主要检测内容有:

(1)用各种测量工具(如卡钳、钢直尺、游标卡尺、内径、千分尺或百分表、千分表、塞规、量块、齿轮规等)和仪器,检验毛坯的几何尺寸、形状、相互位置精度等。

(2)用专用仪器、设备对毛坯的应力、强度、硬度、冲击韧度等力学性能进行检测。

(3)用平衡试验机对高速运转的零件作静、动平衡检测。

(4)用弹簧检测仪检测弹簧弹力和刚度。

(5)对承受内部介质压力并须防泄漏的零部件,需在专用设备上进行密封性能检测。必要时,还可以借助金相显微镜来检测毛坯的金属组织、晶粒形状及尺寸、显微缺陷、化学成分等。根据快速再制造和复杂曲面再制造的要求,快速三维扫描测量系统也在再制造检测中得到了初步应用,能够进行曲面模型的快速重构,并用于再制造加工建模。

3. 无损检测法

无损检测法是指利用电、磁、光、声、热等物理量,通过再制造毛坯所引起的变化来测定毛坯的内部缺陷等技术状况。目前,已被广泛使用的这类方法有超声检测技术、射线检测技术、磁记忆效应检测技术、涡流检测技术等。此法可用来检查再制造毛坯是否存在裂纹、孔隙、强应力集中点等影响再制造后零件使用性能的内部缺陷。这类方法不会对毛坯本体造成破坏、分离和损伤,是先进高效的再制造检测方法,也是提高再制造毛坯质量检测精度和科学性的前沿手段。

3.4.2　废旧零件检测技术

1. 典型零件几何量检测技术

废旧零件的几何量是影响零件质量的重要参数。废旧机械产品中大量存在着各种各样的零件,在再制造过程中,必须对这些废旧零件进行几何量的检测,鉴定其可用性和可再制造性。对零件进行几何量鉴定,要根据尺寸、公差等技术要求进行测量和判定。了解零件的尺寸变化,判定零件是否能够继续使用,以协助选择零件的再制造策略,并进行必要的筹措准备。一般来说,轴和箱体类零件都属于材料性能要求比较高、制造工序较复杂、制造费用较高、对产品的价格影响较大的核心零件,因此要求在再制造过程中尽量恢复其使用性能,以降低再制造费用。下面就发动机中典型零件箱体和轴的几何量检测方法进行介绍。

1)箱体类零件的检测

箱体是传动系统中支撑各传动零件、形成密闭内环境的重要零件。箱体件在工作中主要是支撑孔的磨损、变形等原因造成的几何尺寸的变化,因此在拆解后应对其进行以下检测:

(1)箱体结合面的平面度检测。

检测时,可将两个相互结合的零件(如变速箱上、下箱体)扣合在一起或将零件平面向下放在平台上。当呈稳定接触时,用厚薄规沿四周进行测量。此时测得的最大间隙就是表面厚薄的平面度。如果不是稳定接触时,最大间隙与该部位摆动时的间隙变动量的半值之差为平面度误差。

(2)箱体轴承座孔变形与磨损的检测。

(3)退役后的箱体,存在座孔局部过度磨损或尺寸变大以及座孔变形失圆等失效情况。测量箱体座孔的最大直径和圆度可反映座孔的变形和磨损情况。用内径百分表检查轴承座孔的直径,如超过制造时的尺寸公差,则要求通过热喷涂或刷镀等恢复其原来的尺寸公差范围;在允许的情况下,也可以采用尺寸修复法,即通过刮削轴承座孔,消除失圆,并选配与其配合的轴承外圈。

由于零件工作条件的不同,座孔的检测项目也不同。座孔的圆度是在垂直于曲轴线的截面上所测得的最大与最小直径之差。而内锥度是在轴线方向的一定长度内,两个横截面上的直径之差与该长度之比。对于箱体类零件上的孔(如变速箱轴承固定套座孔、轮毂轴承座孔等)由于长度较短,只需测量其最大直径和圆度,可不测量其内锥度。

测量座孔应用内径千分尺、游标卡尺或塞规。图 3.18 所示的是测量轴承座孔用的塞规,其一端塞规用于鉴定前滚动轴承座孔,另一端塞规用于鉴定后滚动轴承座孔。对于磨损后出现台阶的孔,不宜用塞规测量。

（4）座孔配合面积的检测。

对于箱体上的轴承座孔,通常要求轴承、轴承固定套能与箱体紧密结合。常用印油法进行贴合度鉴定。方法是:清理干净座孔表面后,在与座孔配合的零件外表面上均匀地涂上一层印油,然后将其安装到相应的座孔上,适当转动零件,再将配合件取走,测量座孔内表面沾有印油的面积与总面积的百分比。一般来说,这个比例应大于 65%。

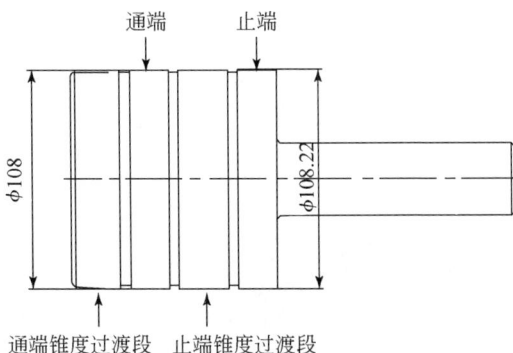

图 3.18　测量轴承座孔用的塞规

（5）座孔平行度的测量。

座孔平行度包括座孔之间的平行度和座孔与结合面之间的平行度。座孔与结合面平行度的测量测量前,应先检查壳体平面是否符合技术要求,然后将平面部分放在平台上,在被测箱体的座孔中装上定心套和测量轴,用百分表测量出同一测量轴两端的高度差,同一测量轴两端的高度差值就是轴承座孔与箱体平面的平行度。测量前,在被测箱体的座孔中装上定心套和测量轴,用外径千分尺测出两轴间的距离,其距离的差值就是两座孔中心线在全长上的平行度。

（6）座孔垂直度的测量。

对于含有锥齿轮对的箱体(见图 3.19),相互垂直的两个传动轴的座孔垂直度是影响锥齿轮装配质量的重要因素,在箱体鉴定中应进行测量。将检验棒分别插入箱体横竖座孔中,其中一个检验棒的小轴颈能顺利地穿入另一个检验棒的横孔,说明两孔中心线垂直并且处于同一平面内。锥齿轮中心线夹角的检验可采用塞尺并配合检验棒和检验样板测量的方法,检查不同位置的间隙一致性。

2)轴的鉴定

轴类零件是产品机械系统中的重要零件,也是产品使用中容易产生损伤的零件。轴的几何量检测主要包括以下内容:

（1）轴表面磨损与变形的检测。

轴表面的磨损与变形可通过检测轴体的圆度与圆柱度来反映。圆度公差是在同一横截面上实际圆对理想圆所允许的最大变动量,常用两点法进行测量,检测结果完全可以满足技术标准的要求。轴圆柱度的测量,可以利用 V 形块测量轴的圆柱度。在轴回转一周的过程中,测量某一横截面上最高处最大读数和最低处最小读数。按上述方法连续测量几个横截面,然后取所测量的读数中最大读数和最小读数差值的一半,作为轴圆柱度误差值。

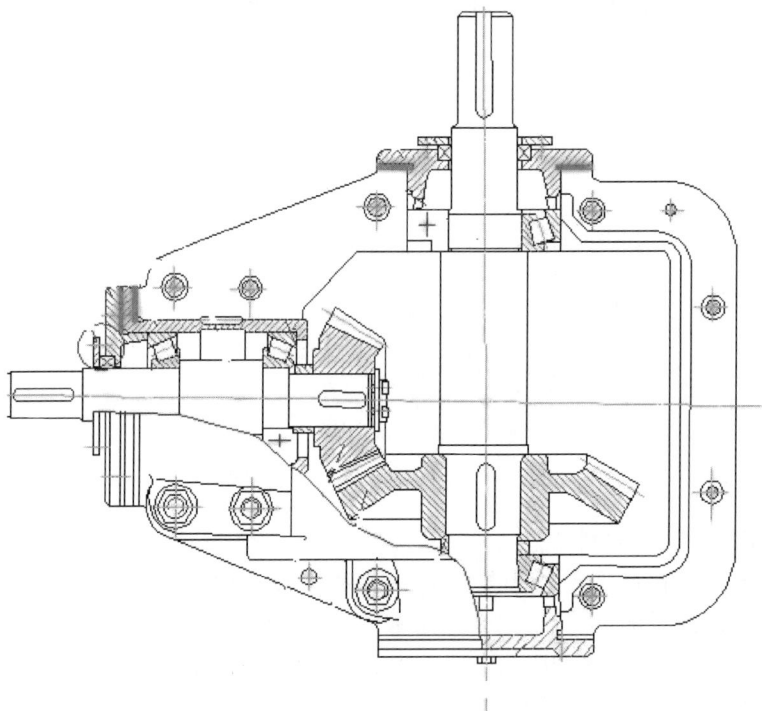

图 3.19　含有锥齿轮对的箱体

（2）轴体弯曲的鉴定。

细长轴中心线弯曲的鉴定是通过检测轴线的直线度来完成的。轴线的直线度是指轴线中心要素的形状误差。在实际再制造中通常用近似的方法进行轴线直线度误差的测量。将轴安装好,调整轴两端与水平面等高。然后读出各轴颈截面上下两素线的指示器数值,并计算各测点读数差值的一半,这些数值中的最大与最小的差值就是该轴截面中心线的直线度误差。按照上述方法测出不同方向素线的直线度误差,取其最大值,作为轴线的直线度误差。利用这种测量方法,即使旋转轴线与实际轴线偏移时,测量结果也不受影响。但该方法复杂、耗时多。

实践中经常使用的一种检测方法是测量径向圆跳动的方法。首先检查和校正中心孔的位置,使两端中心线位于同一水平高。检测时,转动传动轴并在轴向的不同位置进行测量,记下最大径向圆跳动的部位与数,则最大圆跳动数值的一半即可作为轴线直线度误差,以此作为校正的依据。

3）花键的检测

在产品再制造过程中，通常要检测花键轴上各配合部位的键顶外径是否小于制造尺寸极限，键槽宽度是否大于制造尺寸极限或键齿厚度是否小于制造尺寸极限，齿面台阶状磨损深度是否大于制造尺寸极限。

在轴颈的一端或两端有承受推力的台肩端面，应检测轴颈的长度和圆角圆弧半径等。对于再制造生产厂来说，可以利用卡规等界限量规来测定轴颈的磨损量，以提高工作效率。

2. 零件力学性能检测技术

在产品再制造过程中，拆解后的这些零部件是否能够再制造后使用，不仅取决于其几何量，还与其力学性能有关。根据产品性能劣化规律，发动机零部件除磨损和断裂外，主要的力学性能变化是硬度下降，另外还有高速旋转机件动平衡失衡、弹簧类零件弹性下降、高分子材料老化等。

1）零件硬度测量

硬度是指金属材料抵抗更硬物体压入的能力，或者说是指金属表面对局部塑性变形的抵抗能力。目前测量硬度最常用的是压入试验法，这是用一定几何形状的压射冲头在一定载荷下压入被测试金属材料的表面，根据被压入程度来测量其硬度值。常用的有布氏硬度（HB）、洛氏硬度（HRA、HRB、HRC）和维氏硬度（HV）等值。

布氏硬度测量时可使用专用的硬度检测仪进行，如 HB-3000 型布氏硬度计等，表示方法有采用淬火钢球（HBS）和采用硬质合金球（HBW）。布氏硬度试验压痕面积大，代表性全面，能反映金属表面较大体积范围内各组成相综合平均的性能数据，应用对象主要有铸铁、非铁金属、经退火、正火、调质处理的钢等。洛氏硬度测量时通常使用洛氏硬度计进行（见表 3.9），如 HR-150 型洛氏硬度计等，常用的表示方法有三种 HRA、HRB、HRC。维氏硬度的测量原理和布氏硬度相同，测量时用维氏硬度计进行，如 HV-120 型维氏硬度计等。

表 3.9　洛氏硬度测量规范

符号	压射冲头	载荷/kgf	硬度值有效范围	适用范围
HRA	120°金刚石圆锥体	60	>70HRA	用于硬度极高的材料、薄板或硬脆材料，如硬质合金等
HRB	ϕ1.588mm 淬硬钢球	100	25100HRB	用于硬度较低的材料，如退火钢、铸铁及非铁金属等
HRC	120°金刚石圆锥体	150	2067HRC	用于硬度很高的材料，如淬火钢等

2)动平衡检测

动平衡的作用是提高转动件及其装配成品的质量、减小旋转机件高速旋转时的噪声、减小旋转时产生的振动、降低作用在支承部件上的不平衡动载荷,提高支承部件(轴承)的使用寿命、降低使用者的不舒适感、降低产品因动不平衡带来的额外功耗。平衡机就是对转动体在旋转状态下进行动平衡校验的专用装置。动平衡技术可分为工艺平衡法、现场整机平衡法及自动在线平衡法三类。工艺平衡法检测系统一般包括驱动系统、支撑系统、解算电路、幅相测量指标系统等。驱动系统驱动转子以选定转速旋转。支撑系统支撑被测零部件,在不平衡力激发下作确定的振动,经传感器转变成电信号,输给解算电路。解算电路将传感器送来的信号加以分析和变换,针对具体的转子和选定的校正位置,分离两个校正面的相互影响,确定指示系统灵敏度。根据解算结果,幅值和相位指示系统指出校正质量的大小和方位。

3. 零件缺陷检测技术

使用各种量具可以测量零部件的尺寸、形状或位置等,可以准确地了解零部件的表面状况及变化,得出是否满足直接使用和再制造要求的结论。但零部件内部的损伤或缺陷,从外观上却无法识别,很难进行定量的鉴定和检查。现实生产中,零件的缺陷和损伤主要使用无损检测技术来检测。无损检测在再制造生产领域现已得到了广泛应用,成为控制再制造产品生产质量的重要技术手段。无损检测的方法很多,常见的有超声波检测、渗透检测、磁粉检测、涡流检测和射线检测等。

1)超声波检测

是利用超声波探头产生超声波脉冲,超声波射入被检工件后在工件中传播。如果工件内部有缺陷,则一部分入射的超声波在缺陷处被反射,由探头接收并在示波器上表现出来,根据反射波的特点来判断缺陷的部位及大小。使用频率高的超声波具有指向性好、对缺陷的分辨率高等特点。

超声波检测法中,有根据缺陷回波和底面回波来进行判断的脉冲反射法,有根据缺陷的影形来判断缺陷情况的穿透法,还有由被测工件所发生的超声驻波来判断缺陷情况或者判断板厚的共振法。

目前,脉冲反射法是用得最多的一种方法。超声波检测可应用于厚板、圆钢、锻件、铸件、管子、焊缝、薄板、腐蚀部分厚度及表面缺陷等各种被测工件的检测。超声波对钢板的层叠、分层和裂纹的检测分辨率比较高,但对单个气孔的检测分辨率则很低。检测时,要注意选择探头和扫描方法,以使超声波尽量能垂直地射向缺陷面。

2)渗透检测

渗透检测就是把受检验零件表面处理干净以后,覆以专用的渗透液,由于表面细微裂纹缺陷的毛细作用将渗透液吸入其中。然后把零件表面残存的渗透液清洗掉,再涂覆显像剂把缺陷中的渗透液吸出,从而显现缺陷图像。

（1）渗透过程。

把被检验零件的表面处理干净后,让荧光渗透液或着色渗透液与零件接触,使渗透液渗入到零件表面裂纹缺陷中。

（2）清洗过程。

用水或溶剂清洗零件表面所附着的残存渗透液。

（3）显像过程。

清洗过的零件经干燥后,施加显像剂(白色粉末),使渗入缺陷中的渗透液吸附到零件的表面。

（4）观察过程。

被吸出的渗透液在紫外线的照射下发出明亮的荧光,或在白光(或自然光)照射下显出颜色和缺陷的图像。这种检测方法简单有效,局限性在于只能检测表面裂纹缺陷,对于藏在表面以下的内部缺陷无法检测到;因其缺陷图像很难辨认清楚,不适合检查多孔性材料或多孔性表面缺陷。

3）磁粉检测

把一根中间有横向裂纹的强磁性材料(钢铁等)试件进行磁化处理后,可以认为磁化的材料是许多小磁铁的集合体,在没有缺陷的连续部分,由于小磁铁的 N、S 磁极互相抵消而不呈现出磁极;但在裂纹等缺陷处,会由于磁性的不连续而呈现磁极。在缺陷附近的磁力线绕过空间出现在外面,这就是缺陷漏磁。缺陷附近所产生的漏磁场,其强度取决于缺陷的尺寸、位置及试件的磁化强度等。这样,当把磁粉散落在试件上时,在裂纹处就会吸附磁粉。磁粉检测就是利用磁化后的试件材料在缺陷处会吸附磁粉的现象,以此来显示缺陷存在的一种检测方法。

磁粉检测由预处理、磁化、施加磁粉、观察与记录以及后处理等几个基本步骤组成。

（1）预处理。

用溶剂等把试件表面的油脂、涂料以及铁锈等去掉,以免妨碍磁粉附着在缺陷上。用干磁粉时还要使试件的表面干燥。组装的部件要一件件拆开后再进行检测。

（2）磁化。

磁化是磁粉检测的关键步骤。首先应根据缺陷特性与试件形状选定磁化方法,包括轴向通电法、直角通电法、电极刺入法、线圈法、电流贯通法、极间法、磁通贯通法等典型的磁化方法。其次还应根据磁化方法、磁粉、试件的材质、形状、尺寸等确定磁化电流值,使得试件的表面有效磁场的磁通密度达到试件材料饱和磁通密度的 80%～90%。

（3）施加磁粉。

磁粉是用几微米至几十微米的铁粉等材料制成的,分白色的和黑色的、非荧光的和荧光的。把粉或磁悬液撒在磁化的试件上叫做施加磁粉。它分连续法和剩磁法两种。连续法是在试件加有磁场的状态下施加磁粉的,且磁场一直持续到施加完成为止;而剩磁法则是在磁化过后施加磁粉的,可用于工具钢等矫顽力较大的材料。

(4)观察与记录。

磁粉痕迹的观察是在施加磁粉后进行的。用非荧光磁粉时,在光线明亮的地方进行观察;用荧光磁粉时,则在暗室等暗处用紫外灯进行观察。在材质改变的界面处和截面大小突然变化的部位,即使没有缺陷,有时也会出现磁粉痕迹,这就是假痕迹。要确认磁粉痕迹是不是缺陷,需要用其他检测方法重新进行检测才能确定。

(5)后处理。

检测完成后,按需要进行退磁、除去磁粉和防锈处理。退磁时,一边使磁场反向,一边降低磁场强度。

磁粉检测适用于检测钢铁材料的裂纹等表面缺陷(如铸件、锻件、焊缝和机械加工的零件等的表面缺陷),特别适合对钢铁等强磁性材料的表面缺陷进行检测,对于深度很浅的裂纹也可以检测出来。磁粉检测不适用于奥氏体不锈钢之类的非磁性材料。此外,磁粉检测对内部缺陷的检测还存在困难。

4)涡流检测

(1)涡流检测基本原理。

在线圈中通以交变电流,就会产生交变磁场 H_p。若将试件(导体)放在线圈磁场附近或放在线圈中,试件在线圈产生的交变磁场作用下,就会在表面感应出旋涡状的电流,称为涡流。涡流又产生一交变反磁场 H_s。根据楞次定律,H_s 的方向与原有激励磁场 H_p 的方向相反。H_p 与 H_s 两个交变磁场叠加形成一个合成磁场,使线圈内磁场发生了变化。如果加于线圈两端的电压 V 恒定,则电流 I 随着线圈阻抗 Z 的变化而变化。

磁场的改变导致了探测线圈阻抗改变,涡流磁场的大小与试件电导率 σ、试件直径 d、磁导率 μ 以及试件中的缺陷(裂纹或气孔等)有关。由此可见,涡流磁场可以直接反映出材料内部性能的信息,只要测量出线圈阻抗的变化也就可以测量出材料的有关信息(如电导率、磁导率和缺陷等信息)。但涡流探测线圈测出的阻抗变化是各种信息的综合,若要测出材料内部某一特定信息(如裂纹)就必须依靠线圈的设计以及仪器的合理组成,抑制掉不需要的干扰信息,突出所需检测的信息。现实生产中一般是将探头线圈接收到的信号变成电信号输入到涡流仪中,进行不同的信号处理,在示波器或记录仪上显示出来,以表示材料中是否有缺陷。如果试件表面有裂纹,会阻碍涡流流过或使它流过的途径发生曲扭,最终影响了涡流磁场。使用探测线圈便可把这些变化情况检测出来。

(2)涡流检测的特点。

涡流检测的主要优点有:

①适用范围广。涡流检测特别适合导电材料表面(或近表面)检测,灵敏度高,

可自动显示、报警、标记、记录,并常用于材料分选、电导率测定、膜厚测定、尺寸测定等。

②探测效率高。涡流检测不用耦合剂,探头可以不接触零件。因此可以实现高速度、高效率自动检测和其他自动检测。目前对管材、棒材、丝材成批生产中涡流检测速度已高达 2500m/min 以上。

③可用于高温检测。涡流检测使用的是电磁场信号,电磁场传播不受材料温度变化的限制,可用于高温检测。

④可适应特殊场合要求。例如,可对复杂型面的汽轮机叶片裂纹检测、内孔表面裂纹检测,对细小的丝、薄皮管材也可用涡流法检测其缺陷。

⑤涡流检测还可根据显示器或记录器的指示,估算出缺陷的位置和大小。

涡流检测的缺点有:

①由于涡流表面的集肤效应,距表面较深的缺陷难以检测出来。

②影响涡流的因素多,如检测缺陷时其指示往往受材质变化和传送装置振动等干扰因素影响,必须采用信息处理方法将干扰信号抑制掉,才能显示出需要的缺陷(如裂纹)信号。

③要准确判断缺陷的种类、形状和大小非常困难,需做模拟试验或做标准试块予以对比,因此要求检测人员具有一定水平的专业知识和实践经验。

④涡流对形状复杂的零件存在边界效应,检测时较困难,一般复杂零件很少采用此法。

5)射线检测

X 射线、γ 射线和中子射线因易于穿透物质而在产品质量检测中得到了广泛应用。它们的作用原理为:射线在穿过物质的过程中,由于受到物质的散射和吸收作用而使其强度降低,强度降低的程度取决于物体材料的种类、射线种类及其穿透距离。这样,当把强度均匀的射线照射到物体(如平板)的一个侧面时,通过在物体的另一侧检测射线在穿过物体后的强度变化,就可检测出物体表面或内部的缺陷,包括缺陷的种类、大小和分布状况。

射线检测包括 X 射线、γ 射线和中子射线三种。对射线穿过物质后的强度检测方法有直接照相法、间接照相法和透视法等多种。其中,对微小缺陷的检测以 X 射线和 γ 射线的直接照相法最为理想。其典型操作的简单过程为:把被检物安放在离 X 射线装置或 γ 射线装置 0.5～1m 的地方(将被检物按射线穿透厚度为最小的方向放置),把胶片盒紧贴在被检物的背后,让 X 射线或 γ 射线照射适当的时间(几分钟至几十分钟不等)进行充分曝光。把曝光后的胶片在暗室中进行显影、定影、水洗和干燥。将干燥的底片放在显示屏的观察灯上观察,根据底片的黑度和图像来判断缺陷的种类、大小和数量,随后按通行的要求和标准对缺陷进行等级分类。

对于厚的被检测物,可使用硬 X 射线或 γ 射线;对于薄的被检物,则可使用软

X射线。射线穿透物质的最大厚度：钢铁约450mm、铜约350mm、铝约1200mm。

对于气孔、夹渣和铸造孔洞等缺陷,在X射线透射方向有较明显的厚度差别,即使是很小的缺陷也能被很容易地检测出来。对于如裂纹等虽有一定的投影面积但厚度很薄的一类缺陷,只有用与裂纹方向平行的X射线照射时,才能够检测出来,而用与裂纹面几乎垂直的射线照射时就很难测出。因此有时要改变照射方向来进行照相。

案例:在汽车零部件再制造试点建设的基础上,针对制约废旧循环经济的关键技术及其专用设备问题,进行绿色循环经济关键技术与装备的研究与开发,主要进行了以下工作:发动机零部件裂纹快速综合检测、剩余寿命评估技术与装置研究研究开发了用于零件表面微裂纹和零件内部裂纹无损检测的技术与设备;研究开发了便捷式金属磁记忆检测仪,通过查找磁铁性工件应力集中和缺陷部位,对关键构件疲劳损伤做出早期诊断。

针对曲轴和气门,设计制作了专用探头,研制了XZU-1型数字超声检测仪(见图3.20)。超声双斜探头可用于检测曲轴R角处的内部缺陷(见图3.21)。检测设备具有强发射高穿透力,0.01mm高分辨率。可对裂纹和缺陷进行快速无损检测。

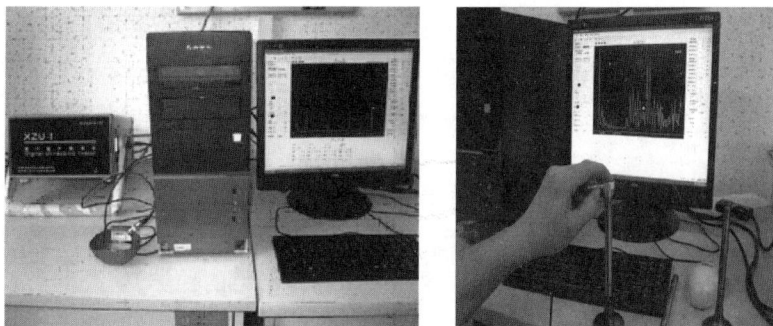

图3.20　XZU-1型数字超声检测仪超声检测气门杆焊缝区域裂纹

图3.21　曲轴超声双斜探头超声检测曲轴R角处内部缺陷

　　针对发动机缸体、气门等缺陷和应力集中,研发了 XZE‑1 型多功能涡流检测仪(见图 3.22)和 XZE‑3 型涡流/磁记忆综合检测仪,可以对缺陷和应力集中进行检测,同时对损伤程度进行定量评估。磁记忆和涡流的结合显著提高了检测精度(见图 3.23),同时可以检测出水压试验和荧光检测无法发现的早期裂纹。

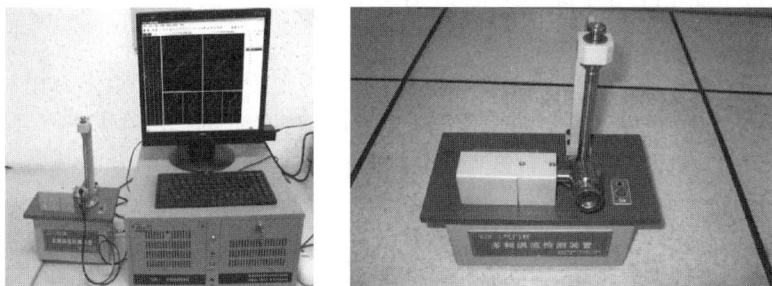

图 3.22　XZE-1 型多功能涡流检测仪

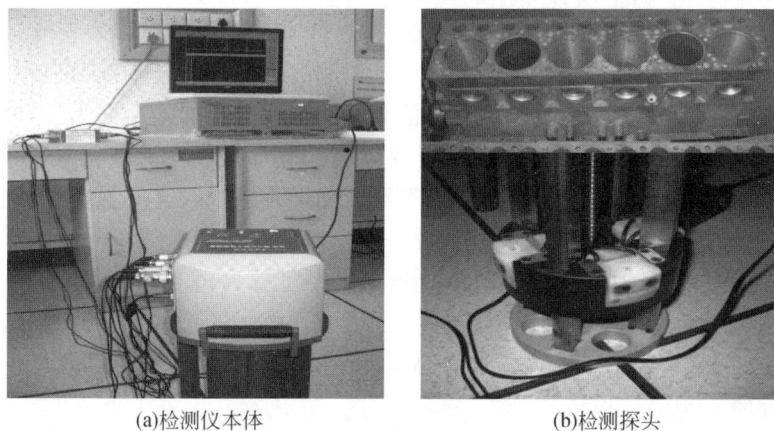

(a)检测仪本体　　　　　　　　　　　　(b)检测探头

图 3.23　涡流/磁记忆综合检测仪

3.5　经济和社会效益分析

　　根据目前的资源现状,要从 20 世纪单纯追求规模、效益的经济模式向建设"4R"的循环经济的方向转变。循环经济倡导的是一种与地球和谐的经济模式,它是指以资源的高效利用和循环利用为核心、以"减量化(reduce)、再利用(reuse)、再制造(remanufacture)和再循环(recycle)"为原则,以低消耗、低排放、高效率为基本特征的社会生产和再生产活动。循环经济的实质是以尽可能少的资源消耗、尽可能小的环境代价实现最大的发展效益。2004 年 12 月召开的中央经济工作会议强调：节约能源、资源是优化结构的重要目标。必须坚决扭转高消耗、高污染、低产出的状况，全面转变经济增长方式。要坚持开发与节约并重，把节约放在首位，大力发展循环经济，逐步构建节约型的产业结构和消费结构，走出一条具有中国特色的节约型发展道路。

由于废旧机电产品具有提供资源和污染环境的两重性，用之为宝，弃之为害。因此，解决经济发展与资源短缺这一矛盾的一个重要途径就是积极推进废旧机电产品资源化，大力发展废旧机电产品资源化产业，把废旧机电产品作为相对于自然资源的第二资源、作为"都市矿山"予以开发，从废旧机电产品中挖掘原材料和能源，实现"资源－产品－再生资源"的良性循环，构建循环经济的发展模式。

废旧机电产品经分解鉴定后可分为 4 类零部件。第 1 类为可再利用零部件，由于机电产品的零部件不可能达到等寿命设计，因此当产品报废时总有一部分零部件性能完好，这部分零部件经过检测合格后应直接利用，既可以作为备件使用，也可以进入产品再制造生产线生成再制造产品；第 2 类为可再制造零部件，通过吸纳包括先进表面工程技术在内的各种新技术、新工艺，实施再制造加工或升级改造生成性能等同或者高于原产品的再制造产品；第 3 类是目前无法修复或经济上不合算可通过再循环变成原材料的零部件，金属制品再循环的基本技术途径是回炉。回炉时，原先注入零件制造时的能源价值和劳动价值等附加值全面丢失，所获得的产品只能作为原材料使用，而且在回炉及以后的成形加工中又要消耗能源。第 4 类是指那些目前无法通过再利用、再制造和再循环程序回收其资源，只能通过填埋等措施进行安全处理。

综上所述，废旧机电产品资源化的基本途径可分为再利用、再制造、再循环 3 部分，其中再利用和再制造是废旧机电产品资源化的最佳形式和首选途径，虽然再循环也有资源、环境效益，但它是当前技术水平达不到或经济上不合算条件下不得已的举措。

3.5.1 废旧发动机资源化比例分析

废旧机电产品资源化的基本途径是再利用、再制造和再循环。对 3000 台斯太尔 615-67 型发动机的再制造统计，结果表明，可直接再利用的零件数量占零件总数的 23.7%，价值占价值总额的 12.3%；经再制造后可使用的零件数占零件总数的 62%，价值占价值总额的 77.8%；需要更换的零件占零件总数的 14.3%，价值占价值总额的 9.9%，其对比关系如图 3.24 所示。由图 3.24 可见，无论是从零件的数量、重量还是从价值方面考虑，再制造都是废旧发动机三种回收利用方式中最佳的选择。具体零件名称等信息如表 3.10～表 3.12 所示。

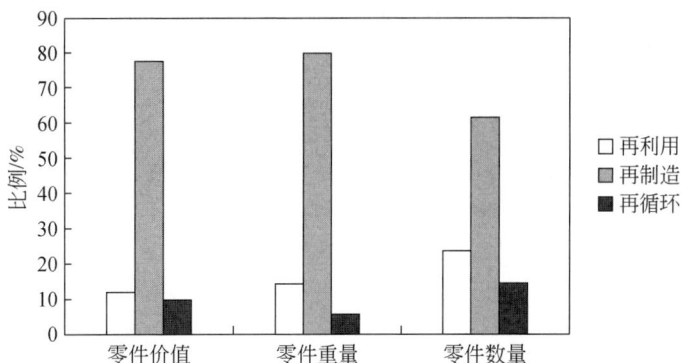

图 3.24 退役发动机三种回收方式对比关系

表 3.10 经清洗后可直接使用的主要零件

序号	名称	材料	质量/kg	判断标准	可直接使用率/%
1	进气管总成	铸铝	10	原厂标准	95
2	前排气歧管	铸铁	15	原厂标准	95
3	后排气歧管	铸铁	15	原厂标准	95
4	油底壳	钢板	10	原厂标准	90
5	机油冷却器芯	铜	5	原厂标准	90
6	机油冷却器盖	铸铝	5	原厂标准	80
7	集虑器	钢板	1	原厂标准	95
8	正时齿轮室	钢板	30	原厂标准	80
9	飞轮壳	铸铁	40	原厂标准	80

表 3.11 再制造加工后可使用的主要零件

序号	名称	材料	质量/kg	常见失效形式	再制造时间/h	可再制造率/%
1	缸体总成	铸铁	300	磨损、裂纹、碰伤	15	95
2	缸盖总成	铸铁	100	裂纹、碰伤	8	95
3	连杆总成	合金钢	30	磨损、抱瓦	6	90
4	曲轴总成	合金钢	200	磨损、抱轴	16	80
5	喷油泵总成	铸铝	30	渗漏	10	90
6	气门	合金钢	2	磨损	1	60
7	挺柱	合金钢	2	端面磨损	1	80
8	喷油器总成	合金钢	2	偶件失效	1	70
9	空压机总成	合金钢	30	连杆损坏	4	70
10	增压器总成	铸铁	20	密封环失效	4	70

表 3.12　需要用新品替换的发动机主要零件

序号	名称	材料	质量/kg	常见失效形式	判断标准	替换原因
1	活塞总成	硅铝合金	18	磨损	原厂标准	无再制造价值
2	活塞环	合金钢	1	磨损	原厂标准	无法再制造
3	主轴瓦	巴氏合金	0.5	磨损	原厂标准	无再制造价值
4	连杆瓦	巴氏合金	0.5	磨损	原厂标准	无再制造价值
5	油封	橡胶	0.5	磨损	原厂标准	老化
6	气缸垫	复合材料	0.5	损坏	原厂标准	无法再制造
7	橡胶管	橡胶	4	老化	原厂标准	老化
8	密封垫片	纸	0.5	损坏	原厂标准	无再制造价值
9	气缸套	铸铁	14	磨损	原厂标准	无再制造价值
10	螺栓	合金钢	10	价值低	原厂标准	无再制造价值

3.5.2　经济效益分析

与新发动机的制造过程相比,再制造发动机生产周期短、成本低,两者的生产周期及成本对比如表 3.13 和表 3.14 所示。

表 3.13　新机制造与旧机再制造生产周期　　　（单位:天/台）

部件	生产周期	拆解时间	清洗时间	加工时间	装配时间
再制造发动机	7	0.5	1	4	1.5
新发动机	15	0	0.5	14	0.5

表 3.14　新机制造与旧机再制造的基本成本对比　　　（单位:元/台）

部件	设备费	材料费	能源费	新加零件费	人力费	管理费	合计
再制造发动机	400	300	300	10000	1600	400	13000
新发动机	1000	18000	1500	12000	3000	2000	37500

3.5.3　环保效益分析

再制造发动机能够有效回收原发动机在第一次制造过程中注入的各种附加值。据统计,每再制造一台斯太尔发动机,仅需要新机生产的 20% 能源,按质量能够回收原产品中 94.5% 的材料继续使用,减少了资源浪费,避免了产品因为采用再循环处理造成的二次污染,也节省了垃圾存放空间。据估计,每再制造 1 万台斯太尔发动机,可以节电 1450 万 kW·h,减少 CO_2 排放量 11.3～15.3kt。

3.5.4　社会效益分析

每销售一台再制造斯太尔发动机,购买者在获取与新机同样性能发动机的前提下,可以减少投资 2900 元;在提供就业岗位方面,若每年再制造 1 万台斯太尔发动机,可提供就业人数 500 人。

3.5.5　综合效益

表 3.15 对以上各项效益进行了综合,由表可以看出,若年再制造 1 万台斯太尔发动机,则可以回收附加值 3.23 亿元,提供就业人数 500 人,并可节电 0.145 亿 kW•h,税金 0.29 亿,减少 CO_2 排放量 11.3～15.3kt。

表 3.15　年再制造 1 万台斯太尔发动机的经济环境效益分析

消费者节约 投入/亿元	回收附加值 /亿元	直接再用 金属/kt	提供就业 人数/人	纳税额/亿元	节电 /(亿 kW•h)	减少 CO_2 排放/kt
2.9	3.23	7.65	500	0.29	0.145	11～15

第4章 自动变速箱再制造

汽车自动变速箱(automatic transmission,AT),亦称自动变速器。自动变速箱是一种可以在车辆行驶过程中自动改变齿轮传动比将动力传递到汽车的车轮的动力改变装置,从而使驾驶员不必手动换挡而实现自动换挡。

汽车自动变速箱有四种常见形式:分别是液力自动变速箱(AT)、机械式无级变速箱(continuously variable transmission,CVT)、电控机械式自动变速箱(automated mechanical transmission,AMT)、双离合自动变速箱(dual clutch transmission,DCT)。随着新技术的不断发展,混合动力变速箱(即电子无级变速箱,electric variable transmission,EVT)也被越来越多的车使用。本章主要以北京现代A4CF1 自动变速箱为例,介绍其基本组成及再制造技术。

4.1 自动变速箱

自动变速箱是由液力变矩器和齿轮式自动变速箱组合起来的。常见的组成部分有液力变矩器、变速齿轮机构、离合器、制动器、单向离合器、油泵、滤清器、管道、控制阀体、速度调压器等。按部件的功能,可将它们分成液力变矩器、变速齿轮机构、供油系统、变速箱控制单元(transmission control unit,TCU)和换挡操纵机构等五大部分。

4.1.1 液力变矩器

液力变矩器位于自动变速箱的最前端,与发动机的飞轮盘刚性连接,其作用与采用手动变速箱的汽车中的离合器相似。液力变矩器利用油液循环流动过程中动能的变化将发动机的动力传递至自动变速箱的输入轴,并能根据汽车行驶阻力的变化,在一定范围内自动地、无级地改变传动比和扭矩比,具有减速增扭功能。

但自动变速箱在进入高挡位以后,锁止离合器压盘与液力变矩器的泵轮进行刚性连接工作,动力直接由发动机飞轮盘刚性输入到自动变速箱的液力变矩器,而液力变矩器的导轮与自动变速箱的输入轴刚性连接,然后动力通过输入到离合器与制动器。

4.1.2 变速齿轮机构

自动变速箱中的变速齿轮机构所采用的是行星齿轮结构。行星齿轮机构是自动变速箱的重要组成部分之一,主要由太阳轮、内齿圈、行星架和行星齿轮等元件组成。行星齿轮机构是实现变速的机构,传动比的改变是通过以不同的元件作主动件/被动件和限制不同元件的运动而实现的。在速比改变的过程中,整个行星齿轮组还存在运动,动力传递没有中断,因而实现了动力换挡。同时行星齿轮结构还有改变动力方向的作用,倒挡就是通过离合器与制动器连接不同的工作元件而实现改变动力传动方向。

换挡执行机构主要是用来改变行星齿轮中的主动元件或限制某个元件的运动,改变动力传递的方向和速比,主要由离合器、制动器和单向离合器等组成。离合器的作用是把动力传给行星齿轮机构的某个元件使之成为主动件。制动器的作用是将行星齿轮机构中的某个元件抱住,使之不动。单向离合器也是行星齿轮变速箱的换挡元件之一,其作用和离合器及制动器基本相同,也是用于固定或连接几个行星排中的某些太阳轮、行星架、齿圈等基本元件,让行星齿轮变速箱组成不同传动比的挡位。

现在比较常见的行星齿轮结构包括拉维纳行星齿轮结构、辛普森行星齿轮结构、莱佩莱捷式行星齿轮结构,但随着近几年新技术的不断发展,挡位数的不断增加,汽车自动变速箱的行星齿轮结构出现了较大的变化,如 ZF 的 8HP、9HP 及奔驰还未上市的 9G 自动变速箱,都采用 4 个单排单级行星齿轮结构串联组成。

4.1.3　供油系统

自动变速箱的液压供油系统主要由油泵、油箱、滤清器、阀体、电磁阀及管道组成。油泵是自动变速箱最重要的总成之一,它通常安装在变矩器的后方,由液力变矩器壳后端的轴套驱动。在发动机运转时,不论汽车是否行驶,油泵都在运转,然后通过阀体及电磁阀的调节控制为自动变速箱中的液力变矩器、离合器、制动器、自动换挡控制系统等提供一定油压的液压油。

4.1.4　换挡控制系统(阀体总成)

换挡控制系统能根据发动机的负荷(节气门开度)和汽车的行驶速度,按照设定的换挡规律,自动地接通或切断某些换挡离合器和制动器的供油油路,使离合器结合或分开、制动器制动或释放,以改变齿轮变速箱的传动比,从而实现自动换挡。

自动变速箱的换挡控制系统有液压控制和电液压(电子)控制两种。

换挡控制是由阀体和各种控制阀及油路所组成的,阀门和油路设置在一个板块内,称为阀体总成。不同型号的自动变速箱阀体总成的安装位置有所不同,有的装置于上部,有的装置于侧面,纵置的自动变速箱一般装置于下部。

在液压控制系统中,增设控制某些液压油路的电磁阀,就成了电器控制的换挡控制系统,若这些电磁阀是由电子计算机控制的,则成为电子控制的换挡系统。

4.1.5　换挡操纵机构

自动变速箱的换挡操纵机构包括手动选择阀的操纵机构和节气门阀的操纵机

构等。驾驶员可以通过自动变速箱的操纵手柄改变阀板内的手动阀位置,控制系统根据手动阀的位置及节气门开度、车速、控制开关的状态等因素,利用液压控制或电子自动控制,按照一定的规律控制齿轮变速箱中的换挡执行机构的工作,实现自动换挡。

4.2　现代 A4CF1 自动变速箱的结构

本部分以北京现代 A4CF1 自动变速箱为例,介绍自动变速箱的主要再制造工艺。A4CF1 自动变速箱是北京现代授权广州市花都全球自动变速箱有限公司做售后的一款变速箱,现广州市花都全球自动变速箱有限公司做成成熟的再制造产品的同时也获得国家发改委"以旧换再"项目,进行 A4CF1 的置换可以获得国家10%补贴 。A4CF1 自动变速箱是北京现代 4 速自动变速箱,由 4 个前进挡与 1 个倒挡组成,其因具有结构紧凑、控制可靠、换挡元件少和故障率低等优点,在低排量家用轿车上的应用越来越多,比如北京现代悦动和东风起亚等。

A4CF1 变速箱采用的是辛普森式行星齿轮传动结构,如图 4.1～图 4.3 所示,前行星排的齿圈与后行星排的行星架相连,前行星排的行星架与后行星排的齿圈相连作为输出。

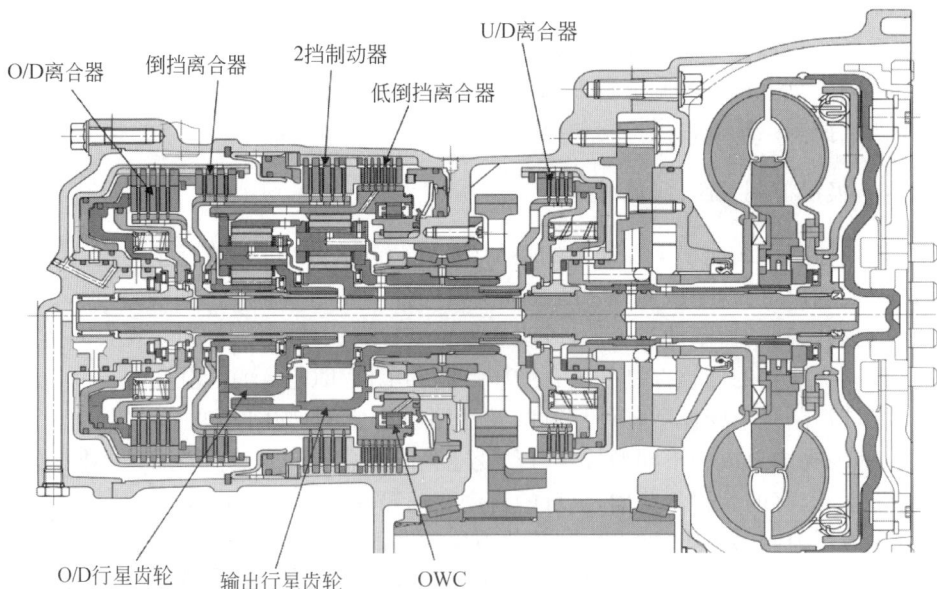

图 4.1　A4CF1 结构图(见彩图 4.1)

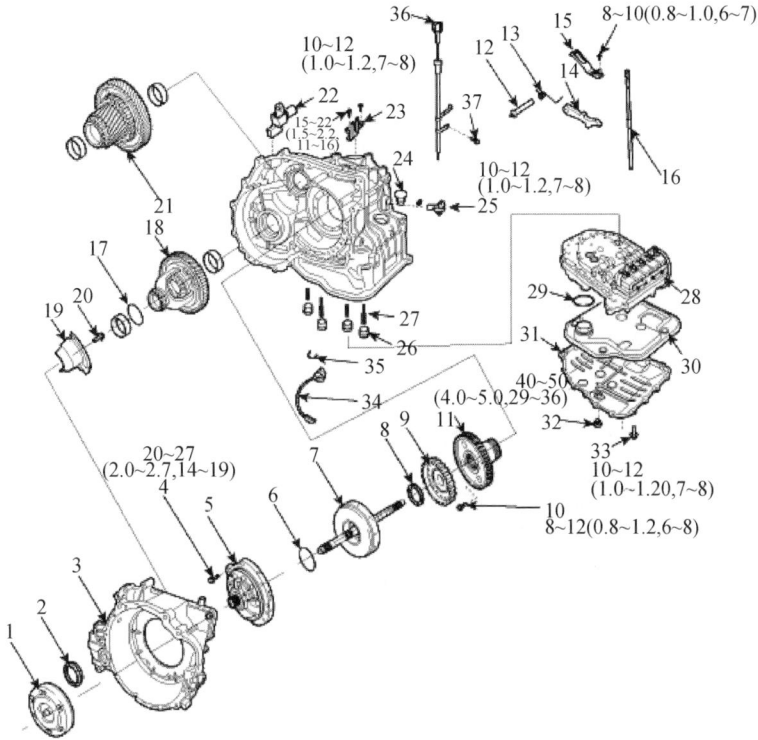

图 4.2　A4CF1 零件分解图(一)

1. 液力变矩器；2. 差速器油封；3. 液力变矩壳；4. 油泵固定螺栓；5. 油泵；6. 止推垫圈；7. 低速挡（U/D）离合器；8. 止推轴承；9. 低速挡（U/D）离合器毂；10. 传输主动齿轮固定螺栓；11. 传输主动齿轮；12. 驻车棘爪轴；13. 棘爪弹簧；14. 驻车棘爪；15. 止动弹簧；16. 手动控制轴；17. 隔圈；18. 差速器；19. 油隔离器；20. 油隔离器固定螺栓；21. 传输从动齿轮；22. 输出速度传感器；23. 换挡拉线支架；24. 输入轴传感器固定螺栓；25. 输入轴传感器；26. 蓄能器活塞；27. 螺旋弹簧；28. 阀体；29. O 形环；30. 油滤清器；31. 油底壳；32. 放油螺栓；33. 油底壳固定螺栓；34. 电磁阀线束插头；35. 电磁阀线束卡扣；36. 油尺管；37. 油尺管固定螺栓

（1）三个输入点：前太阳轮通过离合器 U/D 与输入轴结合输入，是低速挡；后太阳轮通过离合器 RVS 与输入轴结合输入，是倒挡；后行星架通过离合器 O/D 与输入轴结合输入，是超速挡。当 U/D 和 O/D 同时结合输入时，是直接挡。

（2）一个输出点：前行星架与后齿圈联合驱动输出齿轮。

（3）六个换挡元件：

U/D(under drive clutch)——低速挡离合器。在 1、2、3 挡时输入动力到前太阳轮，ECU 通过电磁阀 PCSV—C 控制 U/D 的油路。

LR(low and reverse brake)——1 挡、倒挡制动器。在 1 挡、倒挡时固定前齿圈，ECU 通过电磁阀 PCSV—A 和电磁阀 on/off 控制 LR 的油路。

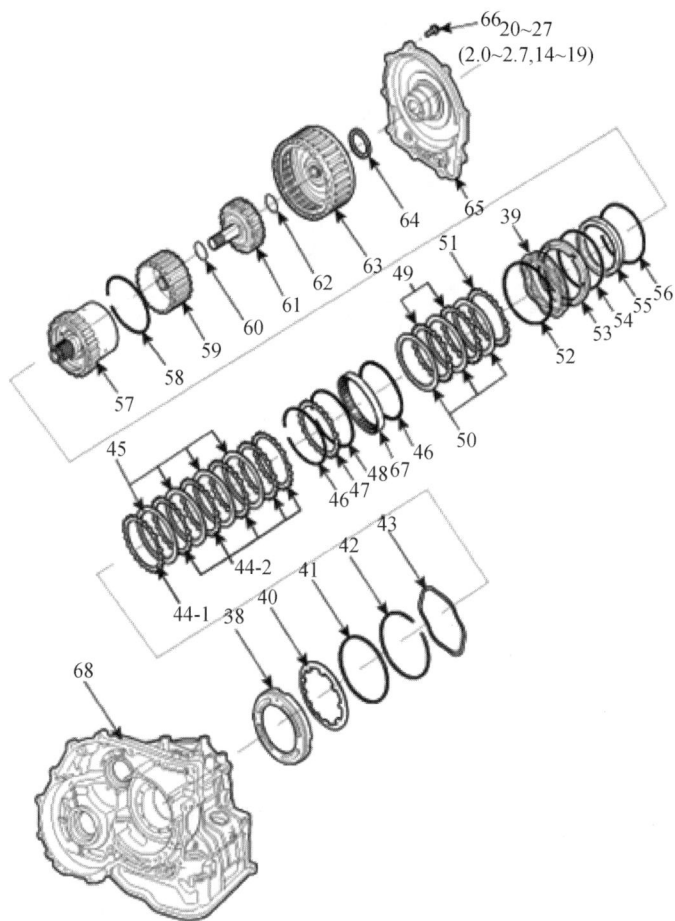

图 4.3　A4CF1 零件分解图（二）

38. 低/倒挡制动器活塞；39.2 挡制动器回位弹簧；40. 低/倒挡制动器回位弹簧；41. 低/倒挡制动器弹簧保持架；42. 卡环；43. 波形弹簧；44-1. 低/倒挡压盘；44-2. 低/倒挡制动板；45. 低/倒挡制动器盘；46. 卡环；47. 反作用板；48. 卡环；49.2 挡制动器板；50.2 挡制动器盘；51.2 挡制动器压盘；52. 卡环；53.2 挡制动器活塞；54. D 环；55.2 挡制动器保持架；56. D 环；57. 低/倒挡行星齿轮组；58. 卡环；59. 倒挡中心轮；60. 止推轴承；61. 超速挡（O/D）离合器毂；62. 止推轴承；63. 倒挡/超速挡（O/D）离合器；64. 止推轴承；65. 后盖；66. 后盖螺栓；67. 单向离合器内座圈；68. 变速箱壳

OWC(one way clutch)——单向离合器。其作用是不允许前齿圈逆时针方向转动。

2ND(2ND brake)——2 挡、4 挡制动器。在 2 挡、4 挡时固定后排太阳轮，ECU 通过电磁阀 PCSV—B 控制 2ND 的油路。

RVS(reverse clutch)——倒挡离合器。挂倒挡时，动力从后太阳轮输入，ECU 通过电磁阀 PCSV—B 控制 RVS 的油路。

O/D(over drive clutch)——超速挡离合器。在超速挡时,动力从后行星架输入,ECU 通过电磁阀 PCSV-A 和电磁阀 ON/OFF 控制 O/D 的油路。

A4CF1 自动变速箱由 6 个换挡元件与 6 个电磁阀执行工作,每个挡位与挡位之间变换关系及工作元件、电磁阀的工作逻辑如表 4.1 所示。

表 4.1　A4CF1A 挡位变换、工作元件及电磁阀工作逻辑状态表

工作元件	离合器		制动器			线性电磁阀					
挡位	U/D	O/D	L/R	2/4	R	VFS	A	B	C	D	E
P 挡						ON	OFF	ON	ON	OFF	ON
R 挡			●		●	ON	OFF	OFF	ON	OFF	ON
N 挡						ON	OFF	ON	ON	OFF	ON
1 挡	●					ON	ON	ON	OFF	OFF	ON
L1 挡	●			●		ON	OFF	ON	OFF	OFF	ON
2 挡	●			●		ON	ON	OFF	OFF	ON	OFF
3 挡	●	●				ON	OFF	ON	OFF	ON	OFF
4 挡		●		●		ON	OFF	OFF	ON	ON	OFF

4.3　A4CF1 再制造工艺

图 4.4 为自动变速箱的典型再制造工艺流程。变速箱进厂后进行基本信息登记,包括装车型号、17 位编码、变速箱型号、变速箱号码、故障的基本信息等,根据基础信息建立一个新变速箱信息资料库。因为自动变速箱的再制动造工艺比较复杂而且工艺比较多,每一个工艺环节都非常重要,比如打砂工艺、清洗工艺、分解工艺等,本节主要选择其中的关键工艺-A4CF1 自动变速箱的总成组装重点讲解。

1)安装工装夹具

在进行完打砂工艺、清洗工艺、分解工艺等一系列的工作操作后,再制造变速箱进行到总成组装,就是已经将离合器、单向离合器等小总成装配完成,然后进行最后的总成组装,将安装好的小总成及清洗干净的螺丝等零件放置在水平工作台上,将装配工装夹具准备好。

(1)将变速箱外壳安装在工装夹具上(见图 4.5),按照标准工艺拧紧螺丝,确保安全作业操作。

(2)工装夹具固定在翻转架上并拧紧固定螺母,确保安全作业操作。图 4.6 为固定好的变速箱外壳。

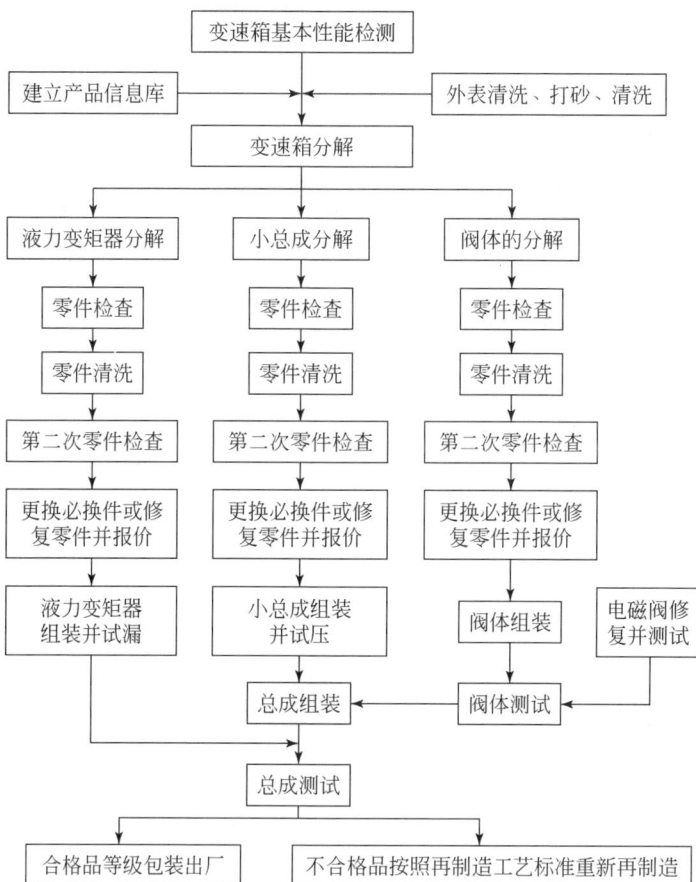

图 4.4　变速箱再制造工艺流程图

图 4.5　工装夹具与紧固螺丝

图 4.6　翻转架与固定好的变速箱外壳

2)安装输出齿轮

(1)输出齿轮水平放入变速箱壳中,并对准各螺丝孔(见图 4.7(a)),然后平衡用胶锤敲入输出齿轮(见图 4.7(b))。

(2)带入 8 粒连接螺丝,使其一直保持平衡,再按标准扭力拧紧连接螺丝(见图
4.7(c))。

(a)放入输出齿轮

(b)敲入输出齿

(c)拧紧连接螺丝

图 4.7　安装输出齿轮

3)安装低倒活塞

(1)使用自动变速箱油(automatic transmission fluid,ATF)对变速箱壳及低
倒活塞的工作面进行润滑(见图 4.8(a))。

(2)安装低倒活塞。在安装低倒活塞时要注意低倒活塞凹位处,如果位置安装
错误就不能正常地安装到原有的位置,而且安装必须水平垂直安装,以免损坏胶圈
(见图 4.8(b))。

(3)安装回位弹簧。回位弹簧只有一个正常的安装方向,使用时不会安装错误
(见图 4.8(c))。

(4)安装垫片。在安装垫片时要注意垫片的方向,如果在装配时出现垫片安装
错误则在变速箱装配完成以后会直接造成变速箱存在故障,安装垫片时必须参考
工艺文件将卡簧放入垫片(见图 4.8(d))。

(5)将低倒活塞工装夹具装入低倒活塞,把工装夹具专用螺母向下拧,使工装

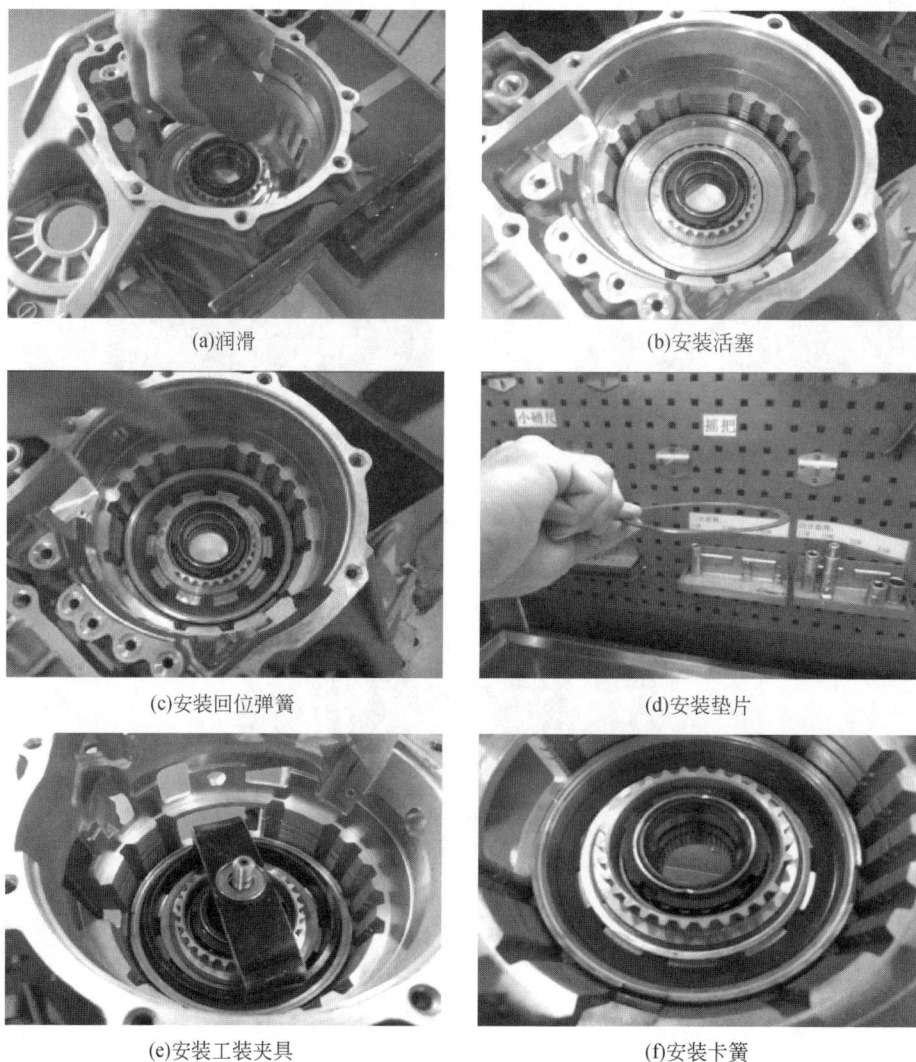

(a)润滑

(b)安装活塞

(c)安装回位弹簧

(d)安装垫片

(e)安装工装夹具

(f)安装卡簧

图 4.8　安装低倒活塞过程图

夹具向下压,把活塞压到适合位置(见图 4.8(e))。

　　(6)安装卡簧。用一字螺丝刀轻轻地将卡簧装配到标准位置。在装配时要避免卡簧变形,而且一定要把卡簧安装到位(见图 4.8(f))。

　　4)安装单向离合器内圈

　　(1)将单向离合器内圈平衡垂直放置变速箱内,注意单向离合器内圈的方向与齿的位置(见图 4.9(a))。

　　(2)安装单向离合器内圈卡簧。在安装卡簧时注意避免卡簧变形(见图 4.9(b))。

(a)单向离合器内圈支持位置　　　　　　(b)安装卡簧

图 4.9　安装单向离合器内圈过程图

5)安装行星齿轮机构总成

(1)将已装配好的行星齿轮机构总成装配到低倒活塞的上方,然后左右旋转使其装配到标准位置(见图 4.10(a))。

(2)从变速箱侧阀体方向检查行星齿轮机构总成是否装配到位(见图 4.10(b))。

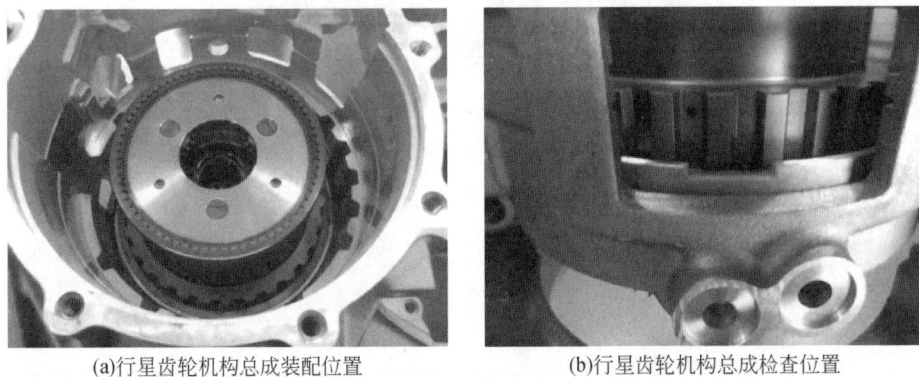

(a)行星齿轮机构总成装配位置　　　　(b)行星齿轮机构总成检查位置

图 4.10　安装行星齿轮机构总成过程图

6)安装低倒制动器

(1)放置波形弹片。低倒制动器的作用是制动行星齿轮机构的行星架,所以先要放置波形弹片(见图 4.11(a))。

(2)放置低倒制动器钢片与摩擦片。放置好波形弹片然后放置一张钢片(见图 4.11(a)),再放置一张摩擦片(见图 4.11(b)),摩擦片与钢片交替放入,钢片比摩擦片多一张,在放置第一张钢片时要注意法兰。

(3)安装卡簧。在最后一张钢片安装好后,安装卡簧(见图 4.11(c))。

(a)钢片与波形弹片

(b)摩擦片

(c)卡簧

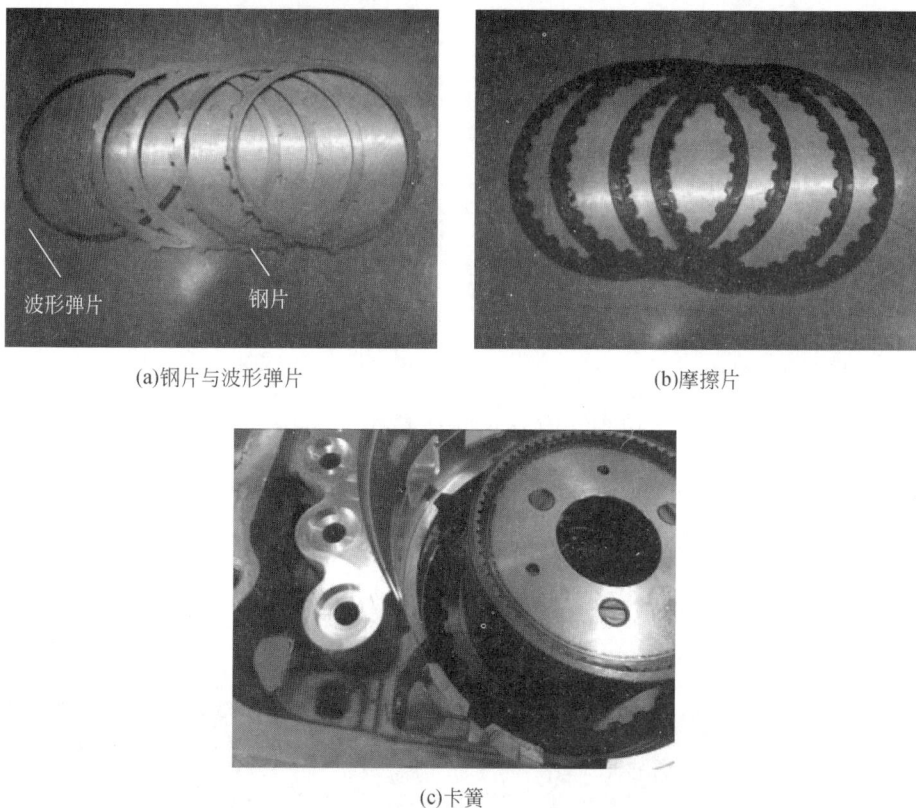

图 4.11　安装低倒制动器过程图

7)安装中间法兰

放置摩擦片(见图 4.12(a)),然后放置中间法兰(见图 4.12(b)),安装中间法兰的固定卡簧(见图 4.12(c))。

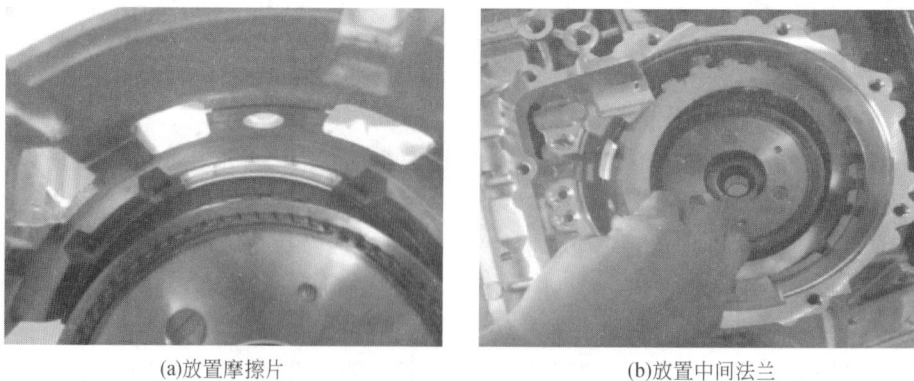

(a)放置摩擦片

(b)放置中间法兰

(c)中间法兰固定卡簧

图 4.12　安装中间法兰过程图

8)安装 2ND 制动器与制动活塞

(1)按照安装低倒制动器的方法将 2ND 制动器进行作业(见图 4.13(a))。

(2)放置回位弹簧。在放置回位弹簧时,平衡放置,平面朝下,波浪面朝上(见图 4.13(b))。

(a)2ND制动器

(b)放置回位弹簧

(c)放置2ND制动器活塞

(d)安装工装夹具

图 4.13　安装 2ND 制动器与制动活塞过程图

(3)放置制动活塞。制动活塞有一个凸台必须要和壳体上的凹槽位相配合,如果位置放置错误则不能正常安装(见图4.13(c))。

(4)安装2ND制动活塞工装夹具。在2ND制动活塞水平放置到适合位置后,加装2ND制动活塞工装夹具,将2ND制动活塞缓缓下压,但在安装时要注意工装夹具必须水平放置在2ND制动活塞上,避免压坏回位弹簧(见图4.13(d))。

(5)安装卡簧。安装卡簧时注意避免卡簧变形。

9)安装倒挡太阳轮与O/D离合器毂

(1)倒挡太阳轮。将倒挡太阳轮平衡放置入行星齿轮机构中,同时可以避免损坏齿轮,安装时一定要安装到位(见图4.14(a))。

(2)O/D离合器毂。将O/D离合器毂平衡插入行星齿轮机构中,同时要避免损坏齿轮,安装时一定要注意,要将O/D离合器毂安装到位(见图4.14(b))。

(a)安装倒挡太阳轮　　　　　　　　　　　　(b)安装O/D离合器毂

图4.14　安装倒挡太阳轮与O/D离合器毂过程图

10)安装

(1)O/D离合器总成。将已装配好的O/D离合器总成垂水平直向下安装,在安装时要避免损坏,同时要左右旋转O/D离合器总成,使其工作面完全结合(见图4.15(a))。

(2)后盖。将已准备好的后盖放入O/D离合器总成中,同时要注意水平放入,不能损坏密封环,否则会引起变速箱故障(见图4.15(b))。然后带连接螺丝,按照工艺作业指导手册进行作业(见图4.15(c))。

11)安装从动齿轮

从动齿轮,将准备好的从动齿轮水平垂直放入变速箱里,目测主动齿轮的平面和从动齿轮的平面成一平面,确保从动齿轮安装到位(见图4.16)。

12)安装U/D离合器

(1)安装U/D离合器毂。将U/D离合器毂水平放入变速箱里,垂直下压,与行星齿轮机构总成刚性连接,安装时要注意避免损坏齿轮(见图4.17(a))。

(2)U/D离合器总成。将已装配好的U/D离合器总成水平插入变速箱里,U/

(a)安装O/D离合器

(b)安装后盖

(c)按标准要求装配螺丝

图 4.15　O/D 离合器总成与后盖安装过程图

(a)动齿轮

平面对齐

(b)主动齿轮与动齿轮配合

图 4.16　从动齿轮安装过程图

D 离合器内部的摩擦片与 U/D 离合器毂充分结合(见图 4.17(b)),而输入轴与 O/
D 离合器结合,并检查是否安装到位(见图 4.17(c))。

(a)安装U/D离合器毂　　　　　　　　(b)安装U/D离合器

(c)安装位置

图 4.17　U/D 离合器安装过程图

13)油泵的安装及检测端隙

(1)油泵。在安装油泵时,水平将油泵放置到 U/D 离合器的上方,必须要注意 U/D 离合器上面的油环,不能损坏(见图 4.18(a))。

(2)检测端隙。在油泵放置到位以后,带上 3 颗连接螺丝,然后检测变速箱总端隙(见图 4.18(b))。检测总端隙没有问题后将油泵螺丝拧紧,按照标准工艺流程进行作业(见图 4.18(c))。

14)安装差速器

差速器作为变速箱的动力输出的重要零部件,其安装也是非常重要的一个步骤,如图 4.19 所示,安装差速器时必须要安装到位,与从动齿轮很好地结合。

15)安装头壳

(1)安装头壳前应将头壳上的毛刺清理干净,然后用无毛布清理头壳与中壳上的油等(见图 4.20(a))。

(2)在油泵的密封圈上均匀涂抹凡士林,以保证在安装头壳时不会将密封圈损坏(见图 4.20(b))。

(a)安装油泵

(b)总端隙检查

(c)安装固定螺丝

图 4.18 油泵的安装及检测端隙

图 4.19 差速器安装

(3)安装头壳。将头壳水平合向中壳,用力慢慢向下压,要保持头壳与中壳的相对平衡,这样才不会使密封圈等零部件损坏。

(4)安装连接螺丝。将连接螺丝带入到位,按照对角线原理拧紧,然后按照标准工艺流程进行作业(见图 4.20(c))。

(a)清洁

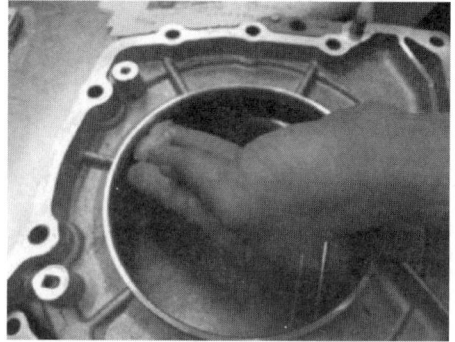
(b)涂抹凡士林

(c)安装头壳连接螺丝

图 4.20　头壳安装过程

16)安装油封

安装油封看似是一个简单的过程(见图 4.21),但其工艺非常关键,油封安装不到位会直接引起变速箱漏油。在安装油封时必须要保持油封的水平。

17)安装蓄压器

如图 4.22 所示,A4CF1 有 4 个蓄压器,每个蓄压器有所不同,所以在安装蓄压器时要非常清楚地区别全部蓄压器安装的位置与功能。如果蓄压器安装错误,会直接导致变速箱故障,所以在安装时必须清楚每个蓄压器的位置、颜色、功能等,而且必须按照工艺指导作业来进行操作。

18)自动变速箱试漏

安装试漏板(见图 4.23(a)),紧固安装,依照试漏板的指示,对油压进行测试。然后根据每个离合器与制动器的压力大小不同而分别进行单独漏板(见图 4.23(b)),如果漏板过程中任何一个离合器或制动器不符合工艺要求,则需要整个变速箱返工重做。

(a)右半轴油封　　　　　　　　　　　　　　(b)前油封

(c)左半轴油封

图 4.21　油封安装过程

　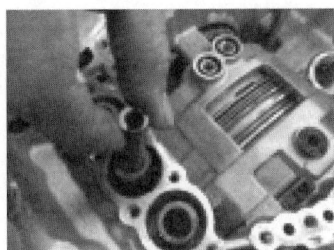

图 4.22　蓄压器的位置

(a)安装试漏板

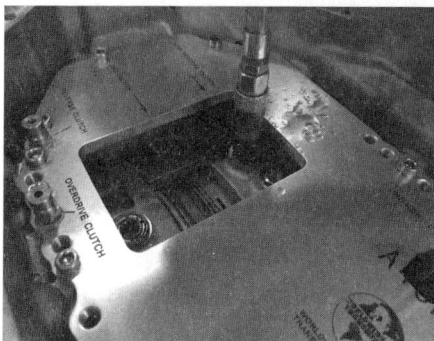

(b)对离合器、制动器进行试漏

图 4.23　自动变速箱试漏

19)安装阀体

(1)拆除试漏板。

(2)安装阀体(见图 4.24(a))。将已经测试好没有任何问题的阀体总成水平放置到变速箱,保持阀体与变速箱的相对水平,注意,在放置阀体时不能损坏蓄压器与密封圈。

(3)将螺丝带到位,使用如图 4.24(b)所示的力矩扳手并按照该工艺的力矩要求拧紧螺丝。

(a)安装阀体　　　　　　　　　　　(b)打扭力

图 4.24　阀体安装

20)安装油底壳

(1)安装机油滤清器。参照工艺指导手册,将机油滤清器水平安装到阀体上面,拧入 3 颗固定螺丝。

(2)放置吸铁石。所有的变速箱及发动机内部都安装有吸铁石,以便在使用过程中有效地吸取杂质。所以在装配变速箱的时候,注意要将两个吸铁石放置到机油滤清器上面。

(3)安装油底壳。首先将油底壳与变速箱中壳的油处理干净,然后安装油底壳(见图 4.25(a))。

(4)带入变速箱连接螺丝。按照工艺操作流程依次进行装配,拧紧连接螺丝(见图 4.25(b))。

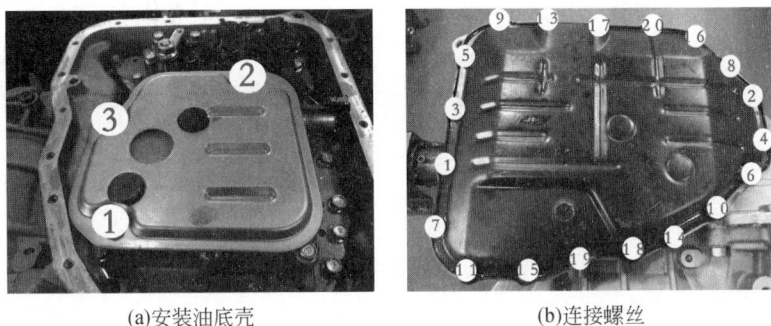

(a)安装油底壳　　　　　　　　　(b)连接螺丝

图 4.25　油底壳安装

4.4　全新零件与再制造零件质量对比

在再制造变速箱的过程中,使用的新技术比较多。本节以液力变矩器中的锁止压盘为例,列举出再制造过程中的使用新技术,这些技术在自动变速箱行业大都是具有专利权的新技术。

4.4.1　磨损情况分析

图 4.26 示意性地描述了液力变矩器工作与分离时的工作状况对比。液力变矩器在工作中,当自动变速箱在低挡位时,液力变矩器处于分离状态,这时锁止离合器与泵轮不结合工作,而是通过自动变速箱油来传递动力。液力变矩器在工作时,当处于 2 挡以上时,锁止离合器压盘与泵轮结合工作,此时液力变矩器是通过机械刚性连接来传递动力,当自动变速箱的油压不足或发生油泵磨损、主油压泄压、锁止电磁阀磨损泄露等情况时,锁止离合器压盘与泵轮结合不彻底会导致锁止离合器压盘与泵轮磨损(见图 4.27),最容易磨损的地方是锁止压盘,所以对其进行再制造的价值是比较高的。

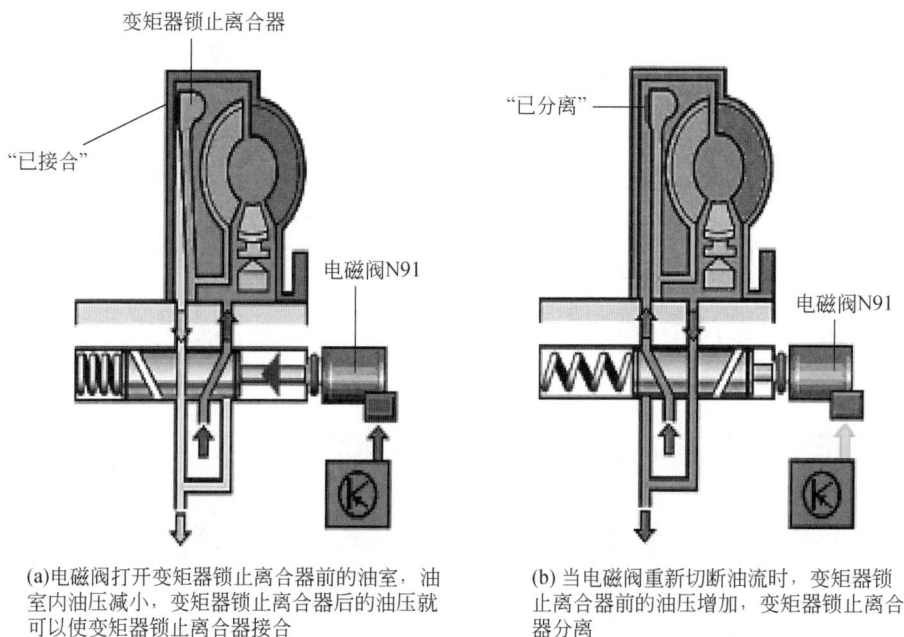

(a)电磁阀打开变矩器锁止离合器前的油室，油室内油压减小，变矩器锁止离合器后的油压就可以使变矩器锁止离合器接合

(b) 当电磁阀重新切断油流时，变矩器锁止离合器前的油压增加，变矩器锁止离合器分离

图 4.26　液力变矩器工作与分离时的工作对比

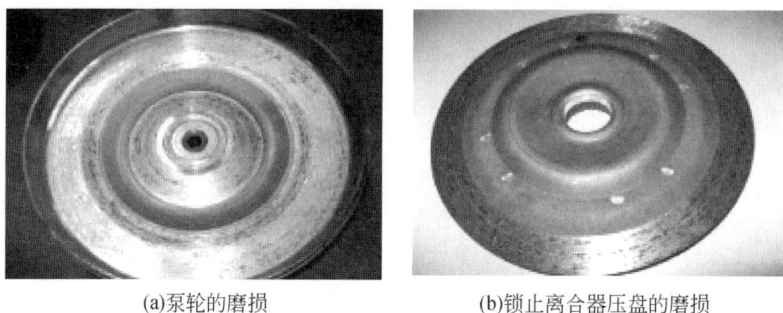

(a)泵轮的磨损

(b)锁止离合器压盘的磨损

图 4.27　泵轮与锁止离合器压盘的磨损

4.4.2　磨损情况调查与分析

　　锁止离合器压盘与泵轮由于自动变速箱内部的油压不足或油泵磨损、主油压泄压、锁止电磁阀磨损泄露等情况会引起液力变矩器及自动变速箱故障，从而使整车的舒适性、安全性等大大降低。但锁止离合器压盘与泵轮不同程度的磨损会引起不同程度的故障，如表 4.2 所示，锁止离合器压盘与泵轮的磨损情况大致可以分三种，轻微磨损、严重磨损、完全磨损，表 4.2 为不同磨损情况的分析及其处理方案。

表 4.2　磨损情况分析

磨损情况	影响	处理方法	比例/%
锁止压盘摩擦材料轻微磨损	在自动变速箱可调节的范围内,自动变速箱控制程序可以自动调节,不会对汽车性能造成很大影响	直接回用	8
锁止压盘摩擦材料部分严重磨损	磨损已超过自动变速箱程序可调控范围,汽车在锁止工况前将发生冲击故障	更换摩擦材料,并使用专用垫片,补充加工后的尺寸损失	59
锁止压盘摩擦材料完全磨损	摩擦材料完全磨损以后,锁止压盘与液力变矩器下壳体直接摩擦,最终把锁止压盘和下壳体同时磨损	使用喷涂工艺技术,修复磨损以后的尺寸,然后再粘贴摩擦片	33

4.4.3　成分分析

再制造过程中对于成分的分析非常重要,而且也只有进行成分分析才能真正知道需要进行再制造的自动变速箱要进行怎么样的修复,要修复到什么样才是合格品。表 4.3 是对 A4CF1 自动变速箱的锁止压盘的成分分析。

表 4.3　零件元素含量

零件名称	C/%	Si/%	Mn/%	P/%	S/%	Fe/%
锁止压盘	0.060	0.022	0.60	0.012	0.0074	余量
下壳体	0.045	0.015	0.25	0.008	0.0051	余量

注:表中零件元素含量均为质量分数。

4.4.4　喷涂工艺

对于预加工以后的零件,进行有针对性的高速电弧喷涂,如图 4.28 所示,以 2Cr13 为喷涂材料,使用 ZPG-400 型高速喷涂设备,电弧电压为 32V,电弧电流为 240A,喷涂压力为 0.7MPa,喷涂距离为 150mm,形成了 1mm 厚的涂层。

(a) 喷涂过程　　　　　　　(b) 喷涂后的锁止压盘
图 4.28　锁止压盘的高速电弧喷涂修复

为了验证涂层是否可以满足工作性能,我们对涂层进行了对偶试样拉伸试验。测试得到的涂层拉伸性能数据如表 4.4 所示。

表 4.4　锁止压盘的涂层拉伸性能

序号	测试拉力/N	结合强度/MPa
1	14865	29.25
2	16725	33.02
3	13295	26.25
4	16345	32.27
5	15675	30.95

在实际应用中,锁止压盘上油压最大不超过自动变速箱的主系统油压,测量结果 A4CF1 自动变速箱的主油压为 300psi[①],约为 2.1MPa,试验数据可以充分证明修复后的锁止压盘可以满足使用要求。

4.4.5　后续加工处理

由于喷涂以后的材料硬度高达 43HRC,我们使用 YW1 型合金钢车刀,对喷涂以后锁止压盘后续加工处理,并再次粘贴摩擦片,修复后的锁止压盘与新品的对比如图 4.29 所示。

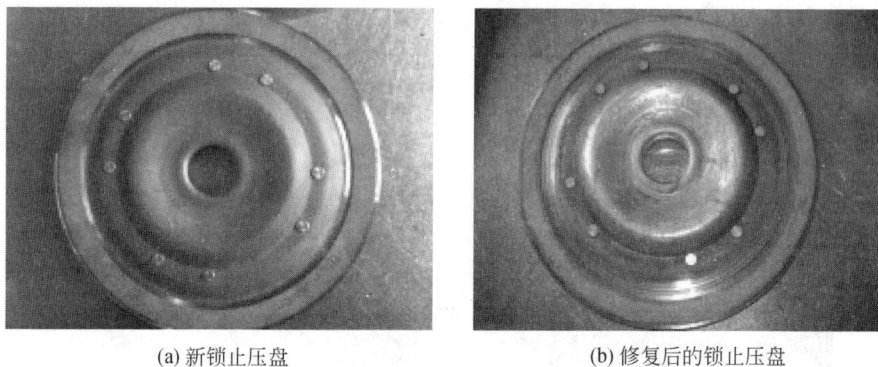

(a) 新锁止压盘　　　　　　　　　(b) 修复后的锁止压盘

图 4.29　再制造的锁止压盘与新品的对比

实际的处理效果表明,严格执行 ISO/TS 16949:2009 质量管理体系的工艺要求进行装配作业后,再制造的零部件达到了新品的尺寸精度及性能要求。

---

① 1psi=6.894 76×10³Pa。

第5章 转向器再制造

齿轮齿条式转向器主要由小齿轮、齿条、消除间隙机构及容纳上述各件的壳体组成。其中小齿轮与齿条作无间隙啮合并形成齿轮齿条传动副。工作时,转向盘带动小齿轮做旋转运动,便推动齿条作直线运动,在改变啮合运动方向的同时增大了传动比。

在齿轮啮合处的背部,设置有消除间隙机构、该机构由预紧弹簧、托座等零件组成,在齿轮与齿条之间因磨损出现间隙时能自动消除此间隙。在齿条与托座之间装有用减磨材料聚四氟乙烯制的垫片,齿条通过托座和转向器壳中的支承来支撑。

5.1 转向器再制造工艺流程

对于废旧产品,传统做法是将其"回炉"。如果将其回炉,所得到的只是原材料的本身价值,再利用价值只有原机的很小一部分,而转向器再制造重新获得了产品的附加值,使原机50%以上的价值得到循环应用,从而大大延长了产品的生命周期,节约能源,减少了生产过程中的环境污染,具有极大的经济和社会效益。

5.1.1 废旧转向器的拆卸

目前,很多轿车采用的都是中间输出的齿轮齿条式转向器,其基本组成如图5.1所示。

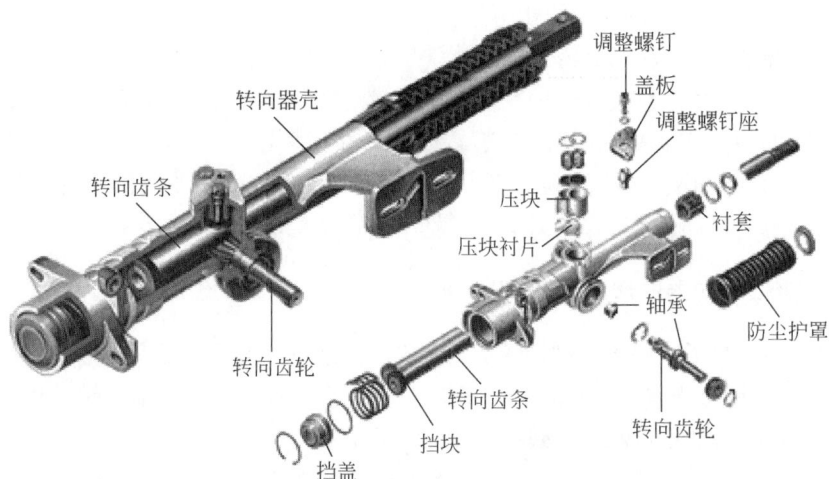

图 5.1 齿轮齿条式转向器的基本组成(见彩图 5.1)

转向器的拆卸,从工作本身的工艺来看,并不需要很高的技术,也不需要复杂的设备和精密的工具。因此往往被人们所忽视,因而在拆卸时常常造成转向器的零件损伤,有时甚至达到无法再次利用其有限价值的程度。因此,拆卸工作的好坏,将直接影响到转向器再制造的成果和经济效益。

废旧转向器回收后,往往是有很多不同的型号及类型的,此时拆卸面对的就是诸多类型不同的产品,即使是同一类产品,由于出自不同生产厂家、不同生产年代,其结构也有较大的不同。这就要求拆卸体系具有较大的柔性。

拆卸的目的有三个:

(1)产品零部件的重复利用。重复利用具有直接重复利用和间接重复利用两种方式。一般对于制造成本高、革新周期长或使用寿命长的零部件单元,可以考虑采用直接重复利用;间接重复利用即再制造后重用,主要针对产品中的有些零部件,由于回收后无法直接用于同类产品,此时可对其进行再制造,用于其他类型或规格的产品。

(2)元器件回收。这主要是针对电子产品,由于其组成材料多种多样,更新换代周期短,往往需要采用特殊工艺方法回收其中的某些特殊元器件。

(3)材料的回收。当组成产品的材料成本高,单个零件的生产成本低,且生产规模大,产品生命周期短,此时往往采用简单的材料回收方式。拆卸可以在产品层次上进行,也可以在部件层次上进行。根据拆卸对象和效果不同,拆卸可以分为破坏性拆卸、部分破坏性拆卸和非破坏性拆卸。破坏性拆卸即拆卸活动以使零部件分离为宗旨,而不管产品结构的破坏程度;部分破坏性拆卸则要求拆卸过程中只损坏部分廉价零件(如切去连接、气焰切割、高压水喷射切割、激光切割等),其余部分则要安全可靠分离;非破坏性拆卸是拆卸的最高阶段,即拆卸过程中不能损坏任何零部件(如松开螺纹、拆除及压出等)。

转向器的拆卸,首先要经过外部清洗后,进入人工拆解。然后利用拆解工具将转向器分解,分解后的零件通过专用的检测量规或目测筛选损坏报废的零件,拆除需要更换的易损或磨损的零件,对于易损零件和损坏明显且不能再进行制造修复的零件,可直接淘汰,淘汰的零件集中后进行环保处理,可以使用的零件送清洗工序加工。总之,拆解时总的原则是要尽量增加资源的利用率,减少对环境的污染。

5.1.2　废旧转向器的清洗

这一步是为了转向器再制造的加工和检验做准备。清洁度不良不但影响产品再制造加工,而且会造成产品性能下降,出现过度磨损、精度下降、寿命缩短等现象。清洗方法决定了清洗质量和生产效率的高低。通常采用的清洗方法有:汽油清洗、热水喷洗或蒸汽清洗、化学清洗剂清洗或化学净化浴、擦洗或钢刷刷洗、高压或常压喷洗、喷砂、电解清洗、超声波清洗及多步清洗等数十种方法,用于清洗的清洗剂也有几类:

石油类溶剂、有机类溶剂、卤代烃溶剂、碱溶液及水基金属清洗剂等。

采用石油类溶剂煤油初步清洗转向器及其零件,再使用高压自动清洗机清洗,其能利用一个旋转铁架把所有零件分位挂好,利用四周的高压清洗喷枪,通过高温高压融入清洗剂清洗,能有效去除油污,既能达到深度清洗的效果,同时也不至于使工件之间相互磨损损坏。

5.1.3　废旧转向器的再制造加工

所有部件及有关零件都进行处理以达到技术要求。这个阶段可能涉及表面处理、机械和电加工,不同工艺都有它的特点和适用性。从经济的角度考虑,要依据产品的型号、工作量和数量来选择零部件的再制造过程。图 5.2 为转向器再制造加工流程。

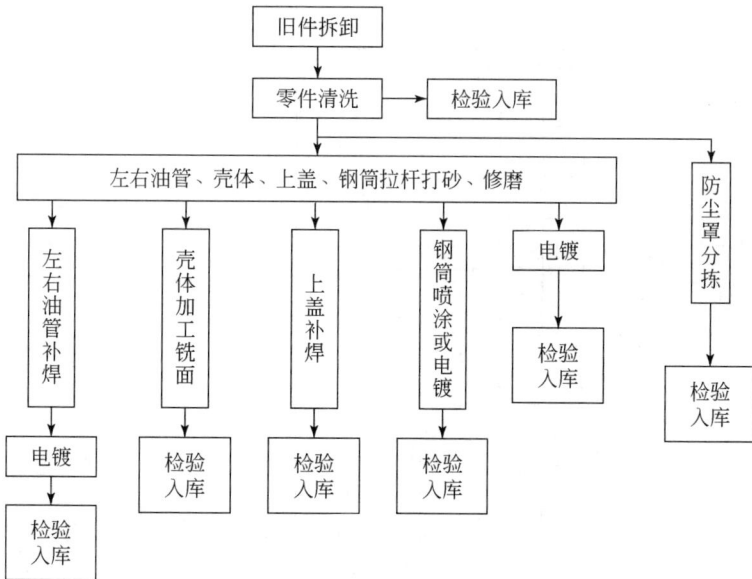

图 5.2　转向器再制造加工流程

5.1.4　再制造后转向器的装配

当所有零件在仓库中备齐后,根据生产计划,再制造部件或产品的装配就进入车间或生产线,完成装配。装配过程中要按产品要求保证配合表面间的配合质量和接触质量、零件间的相对运动精度、相互位置精度、密封性、清洁度和调整要求等。同装配新品时一样,要严格按照装配规定进行,如被装配的零件要干净,装配中用力要合适,要按装配程序进行装配,做好装配零件间隙的调整和零件间相互位置的校正,做好相应的密封和润滑等,以保证装配后的再制造产品得到最好的性能。图 5.3 为转向器装配总工艺过程。

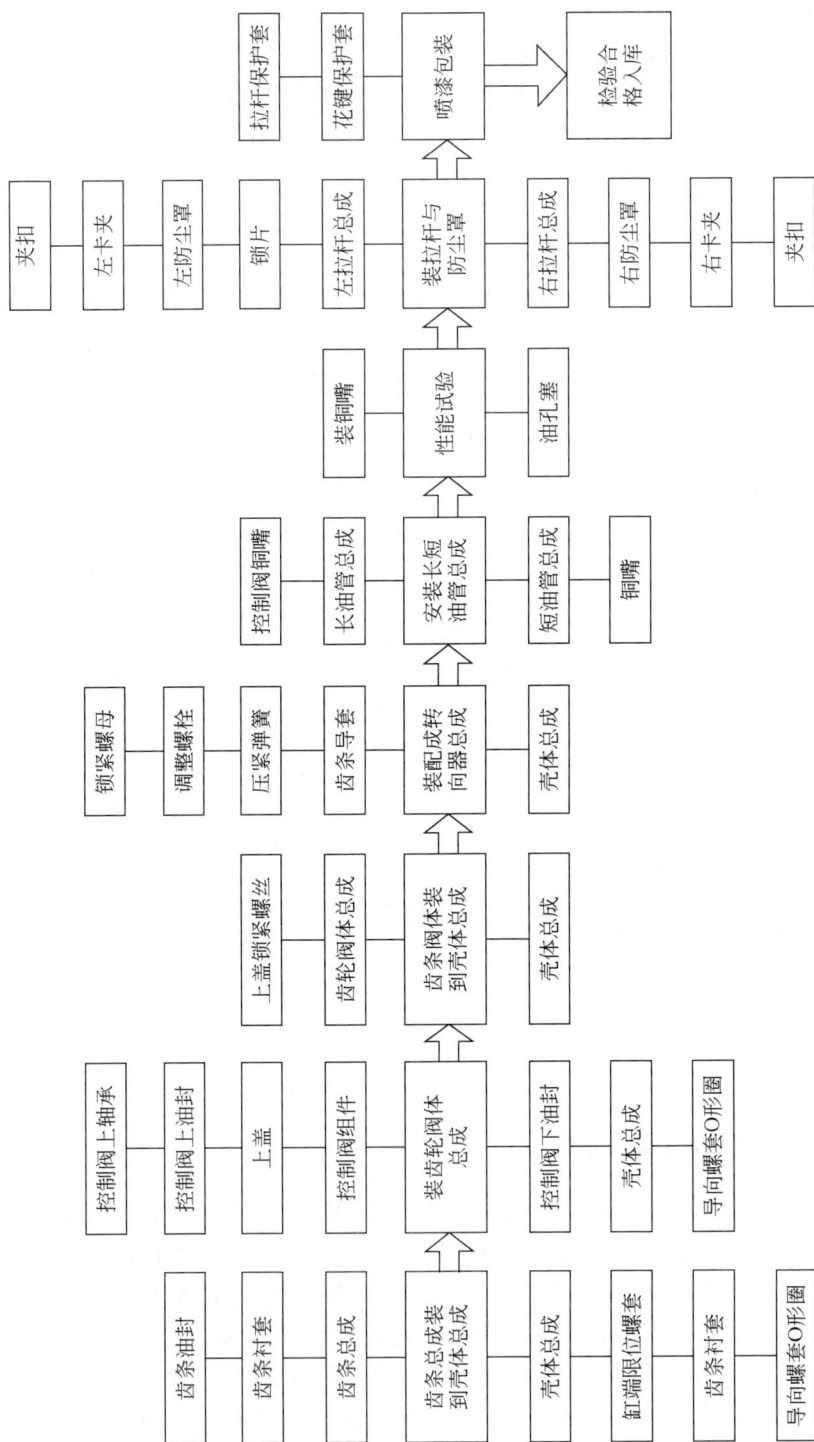

图 5.3　转向器装配总工艺过程

| 夹扣 | 左卡夹 | 左防尘罩 | 锁片 | 左拉杆总成 | 装拉杆与防尘罩 | 右拉杆总成 | 右防尘罩 | 右卡夹 | 夹扣 |

拉杆保护套 / 花键保护套 → 喷漆包装 → 检验合格入库

装铜嘴 / 性能试验 / 油孔塞

控制阀铜嘴 / 长油管总成 / 安装长短油管总成 / 短油管总成 / 铜嘴

锁紧螺母 / 调整螺栓 / 压紧弹簧 / 齿条导套 / 装配转向器总成 / 壳体总成

上盖锁紧螺丝 / 齿轮阀总成 / 齿条阀体装到壳体总成 / 壳体总成

控制阀上轴承 / 控制阀上油封 / 上盖 / 控制阀组件 / 装齿轮阀体总成 / 控制阀下油封 / 壳体总成 / 导向螺套O形圈

齿条油封 / 齿条衬套 / 齿条总成 / 齿条总成装到壳体总成 / 壳体总成 / 缸隔限位螺套 / 齿条衬套 / 导向螺套O形圈

5.1.5　再制造后转向器的检测

检验是质量控制的主要手段,整机测试是保证产品质量必不可少的工序,测试方法和要求均按新品标准执行。具体内容将在下一章中具体分析。其不同的是每一台再制造产品必须进行整机测试,而不是抽检。按质量标准检测装配完成的转向器,能够达到新品的同等质量甚至是超过新品的质量。

5.1.6　再制造后转向器的包装

再制造产品的包装是保证消费者对再制造产品信心的重要内容之一。再制造转向器的包装突出环保理念,采用可回收的包装盒。成品转向器打印批号后包装入库。经过一步一步装配和测试完成全部装配并通过最终测试后,产品或部件附上再制造标记,最后产品送入成品库等待销售或附上保修条例后发送到用户手中。

5.2　转向器的再制造技术规范

汽车转向系是用来保持或者改变汽车行驶方向的机构,在汽车转向行驶时,还要保证各转向轮之间有协调的转角关系,驾驶员通过操纵转向系统,使汽车保持在直线或转弯运动状态,或者使上述两种运动状态相互转换。

转向系由转向盘、转向传动轴、转向器、转向直拉杆、转向梯形臂、转向节等基本部分组成,并称之为机械转向系。汽车还装有动力转向器、转向减振器和防伪机构等。

驾驶员作用在转向盘上的切向力,经转向盘转换成力矩,再经转向器增大后传至转向直拉杆和转向轮,用来克服转向阻力。同时,转向盘的角位移也转换成转向轮绕主销转动的转角。

转向系应满足下述要求:

(1)保证汽车具有高的机动性。

(2)内、外转向轮转角间的匹配应保证当汽车转弯行驶时,全部车轮绕同一瞬时转向中心旋转,各车轮只有滚动而无侧滑;在转向盘和各转向轮的转角间应保证在运动学关系和力学关系方面的协调。

(3)操纵轻便。转向时加在转向盘上的切向力,对轿车不应大于 $150\sim200\mathrm{N}$;对中型货车不应大于 $360\mathrm{N}$;对重型货车不应大于 $450\mathrm{N}$,否则应考虑动力转向。转向盘的回转圈数要少。

(4)转向后,转向盘应能自动回正,并能使汽车保持在稳定的直线行驶工况。

(5)当转向轮受到地面冲击时,转向系传递到转向盘上的反向冲击要小。

(6)转向传动机构与悬架导向装置的运动干涉应最小;转向器和转向传动机构

因磨损产生间隙时,应能通过调整而消除这一间隙。

5.3　再制造转向器的质量检测

转向器总成是汽车的关键部件之一,其质量的好坏,性能的优劣,直接影响着整车的性能和驾驶的舒适性。转向器试验规范能很好地衡量动力转向器的性能和可靠性,是目前评价转向器质量好坏的重要测试依据。国家标准、企业标准及国外试验规范对转向器试验技术条件和试验方法存在着异同。本书依据国家标准和再制造行业标准,分析再制造后的成品齿轮齿条转向器的试验及其结果。

5.3.1　转向器试验的台架布置及工作原理

转向器的试验方法主要有两种:性能试验和可靠性试验。转向器总成试验时,应参考原车的布置型式。在相应的试验台架上进行,油罐允许用试验台油箱,滤油器的过滤精度不得低于原车,其他装置允许用试验台上配备的装置代用。试验用油料应符合残品使用说明书的要求,性能试验油温(50±5)℃,可靠性试验油温50～80℃,试验流量以产品说明书中提供的限制流量为准。

5.3.2　试验用仪器仪表测试误差

(1)压力。出厂试验的压力测试误差不大于1.5%。型式试验的压力测试误差不大于0.5%。

(2)流量。出厂试验的流量测试误差不大于1.5%。型式试验的流量测试误差不大于0.5%。

(3)转矩。出厂试验的转矩测试误差不大于2.0%。型式试验的转矩测试误差不大于1.5%。

5.3.3　性能试验

1)转向器总圈数测定

将转向器总成安装在试验台架上,测量输入端从一个极端位置转到另一个极端位置所转过的总圈数。

2)空载转动力矩测定

将转向器总成安装在试验台架上,总成进出油口通大气,将油腔油排尽,输入端空载。输出端从左转极端位置开始,转到右转极端位置,再转回到左转极端位置。在此过程中,记录输入端输入转矩与转角之间的关系。

3)自由间隙测定

将转向器总成安装在试验台架上,把输出端刚性地固定在直线行驶位置,在有动力情况下,平稳、缓慢地转动输入端,测出两个方向总成进油口压力增加 0.1MPa 时输入端转过的角度。

4)功能试验

将转向器总成安装在试验台架上,在有动力情况下,在输出端施加相当于总成最大工作压力三分之一时的阻力矩或阻力,在输入端全行程内,感觉在转动输入的过程中平滑与连续的情况,同时检查转向控制阀的回位情况。

5)转向力特性试验

将转向器总成安装在试验台架上,把输出端刚性地固定在直线行驶位置,分别向两个方向转动输入端,做到油压达总成最大工作压力时为止,同时记录输入端输入转矩与工作油压之间的关系。

6)内泄漏检查

将总成安装在试验台架上,把输出端刚性地固定在直线行驶位置,在输入端施加 2 倍总成最大工作压力下的转向力矩,测量从高压腔流向低压腔的泄漏量。测定时间为 20s,记录两个方向的泄漏量。

7)外泄漏检查

在试验过程中,仔细观察总成外泄漏情况。

8)回正能力试验

将总成安装在试验台架上,在有动力情况下,在输出端施加最大输出力矩 8% 的载荷,分别测出输入端从两个极端位置回到中间位置的时间。

9)转向灵敏度特性试验

将总成安装在试验台架上,把输出端刚性地固定在直线行驶位置,分别向两个方向转动输入端,做到油压为最大工作压力时为止,同时记录输入端输入转角与工作油压之间的关系。

5.3.4　可靠性试验

1)疲劳试验

将总成安装在试验台架上,输入端在中间位置处保持 0.5°的间隙,用挡块限位。试验油压为最大工作压力加 2MPa,用最大的输出转矩或最大输出力在输出端加载,频率为 0.6～1.2Hz。完成 100 万次交变载荷,零件不应损坏(包括点蚀、剥落)。

2)磨损试验

将总成安装在试验台架上,试验油压为最大工作压力,并使转向摇臂或齿条在试验过程中达到满载,输入端以 20～30r/min 的转速运转,输入端转角不小于总转角的 90%,完成 25 000 个循环。

3)强制转向试验

将总成安装在试验台架上,试验时油泵不工作,转动输入端,调整输出端载荷,使输入端上的转矩分别为 125N•m（输出力矩≤2500N•m 的总成），完成 10 个循环。

4）逆向超载试验

将总成安装在试验台架上，在有动力情况下，把输入端刚性地固定在直线行驶位置，在转向摇臂与直拉杆连接处，与转向摇臂中心线成 90°方向逐渐地施加载荷，或者在齿条输出端施加载荷，直到载荷相当于总成最大输出力的 3 倍时停止试验，分别由两个方向完成。

5）超压试验

将总成安装在试验台架上，在转向摇臂最大摆角处或齿条最大位移处安装挡块，转动输入端，使总成进口压力分别为 2.5 倍（输出力矩＞2500N•m 的总成）的最大工作压力，分别由两个方向完成。

5.4　经济性分析

再制造产业的社会经济效益可以表现在多个方面。一是再制造本身是一个巨大的产业，能够创造巨大的社会、经济效益；二是再制造是个劳动密集型产业，能够创造大量的就业机会；三是再制造可以显著提高产品寿命、可靠性，降低了维修成本；四是在较低的费用下，实现了产品的性能提升和跨越式发展；五是再制造减少了废旧产品的环保处理量和新品的生产量，提高了资源利用率，降低了环境污染，从而显著节约资源和能源；六是价廉物美的再制造产品可以极大地促进人们生活水平的提高。因此，在汽车、化工、机械、家电等领域发展再制造产业，将取得显著的社会效益和经济效益。

第 6 章　汽车起动机、发电机再制造

再制造发电机、起动机是把从报废汽车上,维修汽车上损坏的发电机、起动机旧件(国外称之为 CORE)拆下来,收集在一起,作为再制造汽车发电机、起动机(简称电机)的原材料。经过严格精密的加工,利用各种高科技手段并更换部分的新零件重新组装起来的产品,其质量达到原装新车的发电机、起动机的质量,再投放市场,供用户维修车辆使用,并具有同原装车电机一样的保质期及售后服务。

6.1　再制造汽车起动机、发电机概述

再制造电机同维修电机具有不同的生产工艺,其特点如下:

(1)维修电机是更换损坏的零件,使电机能继续使用而已。维修电机不能保证客户的使用年限,因为维修对每个零件没有重新处理,没有对零件使用寿命进行评估,没有办法确定其使用寿命。可能使用一个月就会损坏,也可能使用半年就坏,因此,维修没有办法确认保修期限。

(2)再制造电机是把所有的零件都解体,每个零件都进行检测,需要绝缘处理,需重新加工的零件安排重新加工,使所有零件在质量上都能达到原始设备(original equipment,OE)产品中零件的标准。损坏的零件全部更换与 OE 同质量标准的零件。这些零件都合格才能再组装成成品,并经过检测,其性能、寿命都达到 OE 的全新机标准才能供应给客户使用。再制造电机是新品而非二手产品,它是有保修期并能向用户提供售后服务的一种新型产品。

再制造发电机、起动机是绿色循环经济的一个重要项目,本来要废弃的电机又能重新使用,是物资循环再利用的项目。中国目前有 500 万辆汽车报废,就有 1000 万个电机,每个电机平均重量 6.5kg,就有 6.5 万 t 金属材料拆下来。如果 80% 可以再制造成功,一年就可以节省 5.2 万 t 的金属材料。冶炼这 5.2 万 t 的金属材料要产生多少碳排放,节省多少能源。这还只是讲报废车项目,如果再加上维修车辆拆下来的电机,数量就更大了,显而易见,这是一个对环境保护具有巨大贡献的重要项目。

由于再制造是用旧件来作为毛坯件生产,成本低,销售价格也便宜,可以给客户带来高质量、低价格的有质量保障产品,给用户带来最实在的经济利益。

6.2　旧件的收购与分类

旧件收购,主要是从外观来判断这个旧件有没有再制造的价值。如果有,我们

把它挑选出来使用,这就叫 CORE。然后需对 CORE 再进行仓库保管和分类。

6.2.1　旧件的收购

挑 CORE 要注意下面几个要求:

(1)要求旧件供应商在旧件挑选中要标好这个旧件的信息。例如:汽车的品牌、汽车大概的生产年份、发动机型号、发电机或起动机的 OE 号码或者车厂的零件号码。有了这些资料,就可以做如下分析:

①可以知道这个品牌汽车在市场上使用的数量,有汽车的制造年份就可以统计:如果 20 年前的车型,可能就没有市场;如果是 8~10 年的车型,那就应该还有市场。

②有发动机型号、有汽车品牌,我们就知道将来再制造完的成品我们要销售给哪个用户。

③有这些发电机、起动机原始资料,也很容易查到原装发电机和起动机的技术要求,对再制造会有很大帮助。

(2)汽车发电机、起动机最好不要打开过,因为打开过的旧件往往是别人修不好又装回去的旧件,这种旧件经常缺零件,不能当 CORE 收购。

6.2.2　旧件的分类

旧件经收购后变成 CORE,CORE 再进行仓库保管和分类。进口来的 CORE 一般按国外知名的电机制造厂来分类保管,例如:BOSCH、CHRYSLER、DELCO、KOREA DAEWOO、FORD、HITACHI、ISKVA、LUCAS、MITSUBISHI、NIP-PONDENSO、VALEO 等,因为很容易在这些电机制造厂中找到相关资料,通过这些资料可以了解与每种电机相匹配的发动机和汽车型号,甚至可以进一步追踪汽车的生产时间等信息,可为开展再制造提供很多帮助。

按汽车的品牌和汽车的发动机型号分类。因为国内市场上销售不像国外是以 OE 号码来销售。国内只讲车型和发动机型号就可以在市场上销售。

6.3　旧件样品分解和试制

对从未生产过的发电机、起动机要进行样品试制,其目的是要检验再制造后的产品,其电气性能是否能达到 OE 的标准,其寿命要求能否达到国家标准。

6.3.1　样品分解和试制流程

图 6.1 描述了样品分解和试制的基本流程。对于发电机、起动机的样品试制过程,其寿命试验解体看零件的损坏情况,检查供应商供应的零件或自制的零件是

否达到技术标准,确认供应商的零件水平,以此来确认合格的供应商。

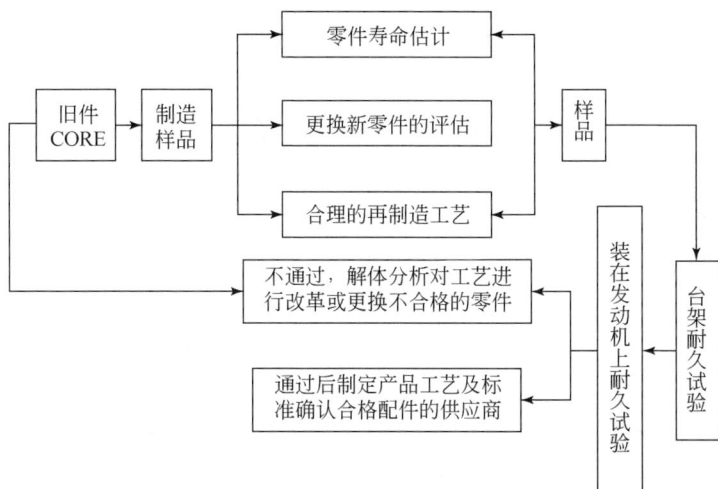

图 6.1 样品分解和试制流程图

6.3.2 再制造发电机、起动机耐久试验要求

对于再制造发电机和起动机的耐久性试验,主要参照以下要求执行:

(1)按照《汽车零部件再制造产品技术规范 起动机》(GB/T 28673—2012)要求,再制造起动机要做耐久试验。

①再制造起动机要承受 6000 次空载耐久试验,试验后零件应无开裂、破损、过热而损坏等现象,试验后的起动机等特性测试允许比初始值下降 10%。

②汽油车再制造起动机应承受 20 000 次的台架耐久试验,柴油车再制造起动机应能承受 16 000 次的台架耐久试验,再制造起动机耐久试验后,其零件应无损坏和烧毁现象,起动机的特性等参数允许比初始值下降 15%。

③再制造起动机应承受 600 次的全制动耐久试验,试验后单向器和开关等零件不能损坏或变形。整个耐久试验过程中允许风冷。

汽油起动机耐久试验一般采用 2s 停 35s 连续起动。

柴油起动机耐久实验一般采用 4s 停 45s 连续起动。

(2)按照《汽车零部件再制造产品技术规范 交流发电机》(GB/T 28672—2012),要求再制造发电机做耐久试验。

汽车发电机应在常温下能承受 1600h 的耐久试验或 96 000km 的道路试验,或高温下 240h 的耐久试验:环境温度 105℃,转速 3000 转,负载电流 40% 的发电机最大输出电流,运转 240h 后不能有任何零件损坏。试验后进行常温特征试验,其热态性能允许比试验前的热态电流性能下降 5%。定子、转子绝缘电阻必须大于 1MΩ。

试验合格的产品,可进入技术与工艺文件的制定。如耐久试验不合格,要更改工艺及零件直到合格为止。

(3)整个试制过程要达到下列目的:

①要搞清楚这个旧件原 OE 产品的质量标准和各零件的尺寸要求。

②绘制各种零件的尺寸图,制定各零件的技术标准,以便自制或购买合格零件使用。

③制定相应的生产过程中使用的工艺文件和技术文件以便批量生产。

6.4　汽车起动机再制造工艺流程

汽车起动机再制造一般分为解体、清洗、检测评估和再制造修复组装四个主要部分,如图 6.2 所示。具体为:

(1)对旧件进行分类解体。

(2)对解体后的零件进行清洗。

(3)对清洗后的零件分别进行检测、修复、性能、寿命评估或者重新制造。

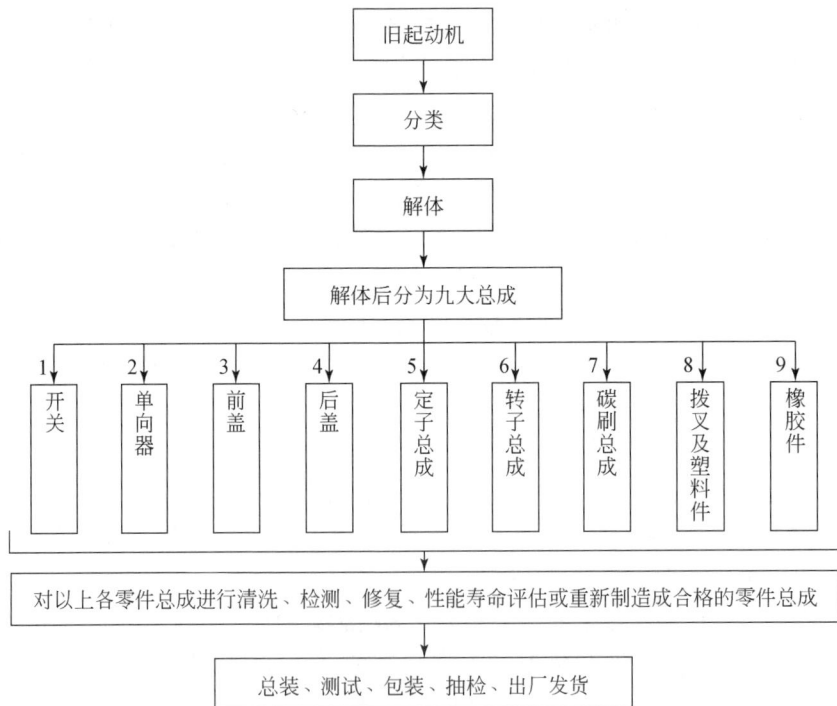

图 6.2　汽车起动机再制造工艺流程图

　　(4)将修复后经检测合格的零件送到组装组进行装配成整机,整机测试合格后成品包装入库。

　　经过以上四个部分工艺加工,废旧起动机就变成了再制造汽车起动机成品。

　　图 6.3 为废旧汽车起动机再制造前后的实物对比。对于解体后的汽车起动机,包括九大总成,如图 6.4 所示,包括开关、单向器、前盖、后盖、定子总成、转子总成、碳刷总成、拨叉及塑料件、橡胶件。

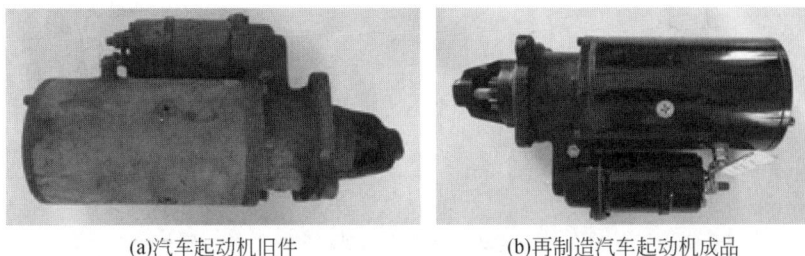

(a)汽车起动机旧件　　　　　　(b)再制造汽车起动机成品

图 6.3　汽车起动机再制造前后实物对比图

(a)开关　　　　　　　(b)单向器　　　　　　　(c)前盖

(d)后盖　　　　　　　(e)定子总成　　　　　　(f)转子总成

(g)碳刷总成　　　　　(h)拨叉及塑料件　　　　(i)橡胶件

图 6.4　汽车起动机解体后的九大总成

6.4.1　开关再制造工艺流程

汽车起动机开关的再制造工艺流程如图 6.5 所示。开关解体后经过清洗、电镀、线包绝缘处理后进行装配，但必须注意：开关的静触点和动触点经长期使用后磨损较大必须更换新品；开关盖一般也要更换新品，因为塑料件使用时间长了会老化，外观也不符合要求；开关弹簧因长时间使用，弹力达不到要求也必须更换新品。

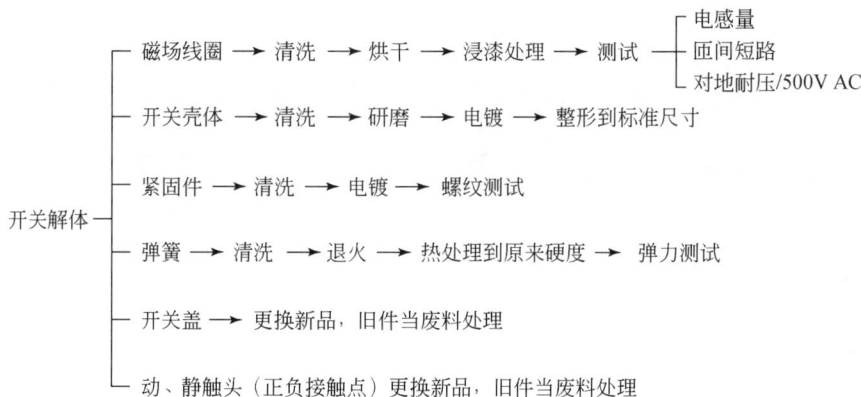

图 6.5　汽车起动机开关再制造工艺流程图

把合格零件进行组装后测试，测试内容主要包括：①测试开关的吸合电压及释放电压；②测试开关的吸合电流及释放电流；③测试第一和第二行程的距离；④紧固螺丝扭力测试；⑤成品入库。图 6.6 为经组装的汽车起动机开关及其测试仪器。

(a) 再制造开关成品　　　　　　　　　　(b) 开关测试仪

图 6.6　汽车起动机开关及其测试仪器

6.4.2　单向器再制造工艺流程

图 6.7 描述了汽车起动机单向器再制造工艺流程。单向器解体后，罩壳、齿轮头、滚珠、弹簧一般需要更换新品，单向器座要进行清洗、研磨、防锈处理，其他金属

片经过清洗,如有变形的必须更换新品,然后把合格的零部件进行组装测试。

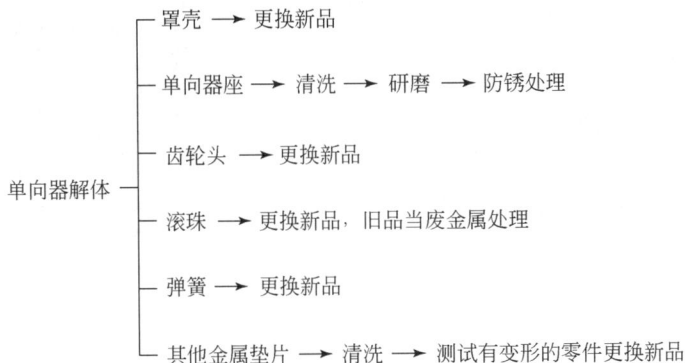

```
              ┌─ 罩壳 ──→ 更换新品
              │
              ├─ 单向器座 ──→ 清洗 ──→ 研磨 ──→ 防锈处理
              │
              ├─ 齿轮头 ──→ 更换新品
单向器解体 ────┤
              ├─ 滚珠 ──→ 更换新品,旧品当废金属处理
              │
              ├─ 弹簧 ──→ 更换新品
              │
              └─ 其他金属垫片 ──→ 清洗 ──→ 测试有变形的零件更换新品
```

图 6.7　汽车起动机单向器再制造工艺流程图

单向器组装时,主要执行以下程序:

(1)测量离合器座尺寸,配上符合要求不同规格的滚珠。

(2)装配后进行测试,正反向扭力测试。

(3)成品入库。

6.4.3　前后端盖再制造工艺流程

前盖经过清洗喷砂处理干净后,检查各安装孔和止口的尺寸是否符合图纸的要求,检查轴承孔或铜套孔是否达到要求,铜套需更换全新的铜套,全新的铜套一般比 OE 铜套尺寸小 0.02mm 左右,要看具体相配合的轴的尺寸而定。处理前后的前盖如图 6.8 所示。

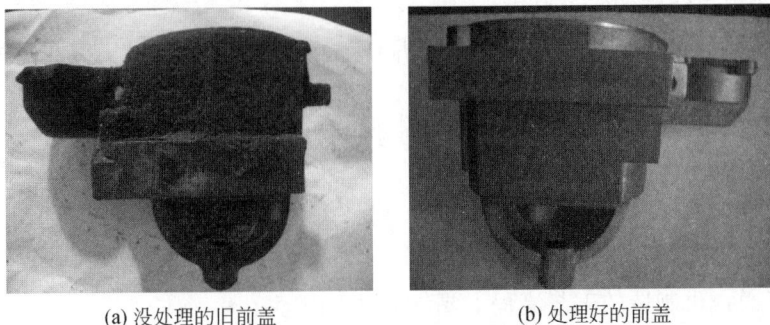

(a) 没处理的旧前盖　　　　　　　　　(b) 处理好的前盖

图 6.8　再制造处理前后的前盖

后盖有铝件和钢制的,经清洗喷砂干净后进行喷塑(也可电镀)处理后装上新的含油铜套或新的滚针轴承,其铜套尺寸一般要比 OE 的尺寸小一点,因为轴在使用后尺寸会变小一点,要根据轴的尺寸来定。处理前后的后盖如图 6.9 所示。

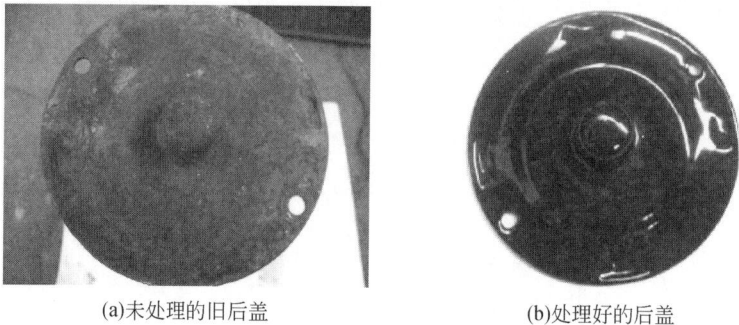

(a)未处理的旧后盖   (b)处理好的后盖

图 6.9   再制造处理前后的后盖

6.4.4   定子总成再制造工艺流程

图 6.10 介绍了定子总成再制造的关键环节,具体来说,永磁电机定子总成和带电磁线圈的定子总成的再制造过程略有区别,主要表现在以下环节。

(1)永磁电机定子总成。

①定子外壳清洗、研磨。

②表面喷漆处理。

③尺寸检查。

④退磁。

⑤充磁到原来的磁性强度。

⑥检验磁场的大小。

⑦成品入库。

(2)带电磁线圈的定子总成。

①解体,把磁场线圈从定子总成中拆开,清洗后对磁场线圈从头浸漆处理,浸漆后烘干。

②定子外壳清洗,打磨或研磨后进一步进行修补和喷漆处理。

③组装成定子总成,测试合格入库。

6.4.5   转子总成再制造工艺流程

转子总成再制造的工艺流程主要包括以下内容:

(1)清洗。

(2)检测换向器是否焊好。

①若有脱焊现象,重新点焊。

②进行耐压检测,测试线圈和铁芯之间的电压,测试电压采用 110V 左右,因为未烘干浸漆的转子耐压很低,用 500V 测量会损坏转子,把不合格品与合格品分开。

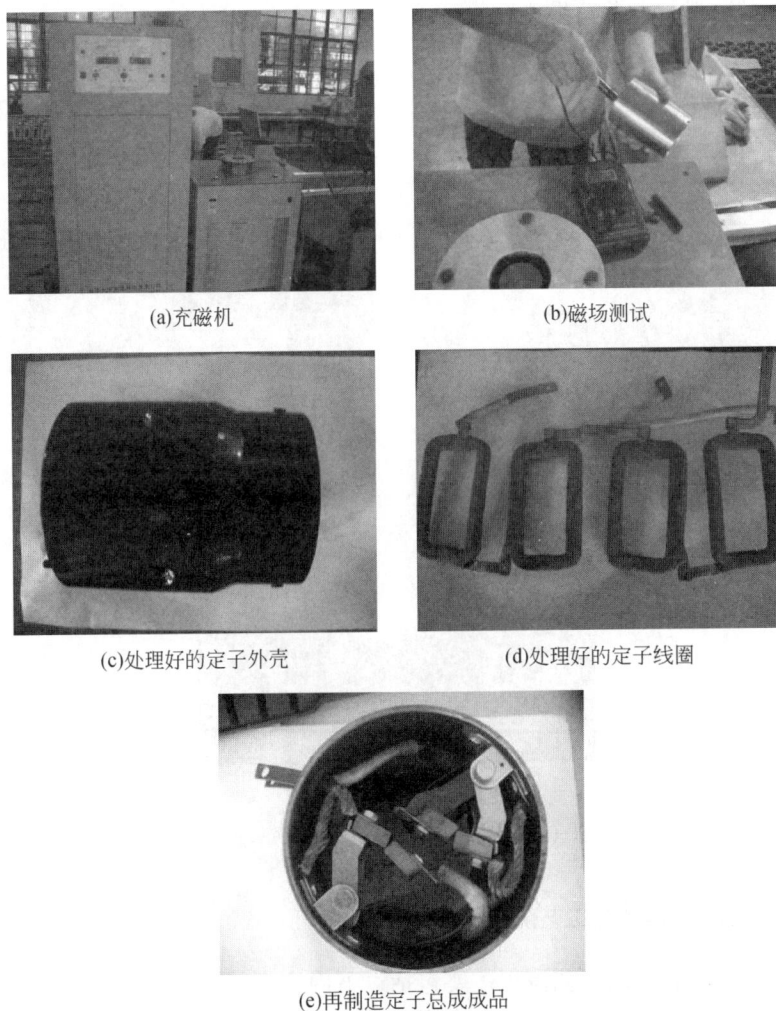

(a)充磁机　　　　　　　　　　(b)磁场测试

(c)处理好的定子外壳　　　　　　(d)处理好的定子线圈

(e)再制造定子总成成品

图 6.10　定子总成再制造的关键环节

③对烘干绝缘处理后的转子再进行 500V 耐压测试,判断转子线圈与铁芯的绝缘是否合格。

(3)对换向器进行车加工,进行跳动测试。允许跳动尺寸要按不同起动机的 OE 标准控制,对换向器尺寸进行测量并评估换向器使用寿命,合格者投入使用。

(4)对轴的轴承端进行统一尺寸加工和前后盖铜套配套使用,轴与铜套之间的间隙符合原装机的规定。

(5)轴跳动检测和校正,一般跳动小于 0.02mm;对于绝缘破坏短路的转子重新拆掉漆包线,重新制造。

①更换线和换向器。

②重新按制造新转子的工艺进行生产。

图 6.11 列举了转子总成再制造的关键环节。

(a)旧的换向器　　　　　　　　　　　　(b)转子的接地测试

(c)转子轴的测试

图 6.11　转子总成再制造的关键环节

6.4.6　碳刷总成再制造工艺流程

碳刷总成再制造的工艺流程主要包括以下内容：

(1)清洗干净后烘干。

(2)表面电镀处理,或者目测更换新品。

(3)没有破损的产品,更换新的碳刷装配为总成。

(4)测试弹簧的弹力,合格入库。

(5)碳刷全部更换新品。

图 6.12 为旧碳刷的更换和弹簧性能测试过程照片。

6.4.7　拨叉及紧固件再制造工艺流程

拨叉及紧固件的再制造工艺流程主要包括以下内容：

(1)清洗烘干。

(2)电镀。电镀后的拨叉与紧固件如图 6.13 所示。

（3）检验分类，主要是尺寸、螺纹检测。

（4）检测入库。

(a)旧的碳刷100%更换

(b) 弹簧性能测试

图6.12 旧碳刷的更换及弹簧性能测试

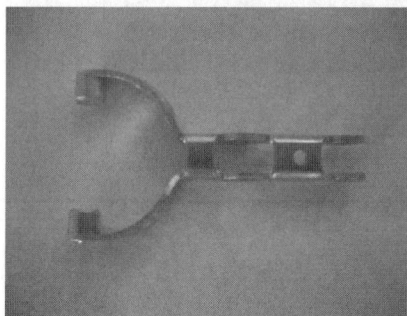

(a)电镀后的拨叉

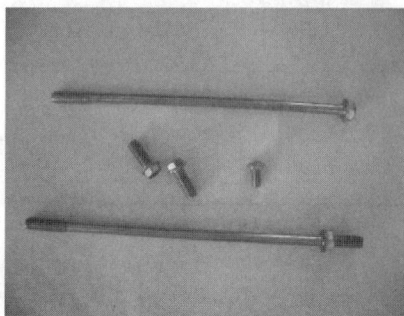

(b)电镀后的紧固件

图6.13 再制造的拨叉及紧固件

6.4.8 塑料件和橡胶件

（1）塑料件和橡胶件一般100％使用新品。

（2）旧品当废料处理。

6.4.9 再制造起动机总装的工艺流程

起动机再制造的总装过程主要包括以下内容：

（1）把再制造九大总成送到组装生产线组装。

（2）组装后空载检测。

①输入电压12V或24V，输出电流符合图纸上要求。

②没有异常噪声。

③开关工作正常。

④检查单向器的移位是否正确。

⑤进行各种紧固螺丝的扭力测量,检查螺丝松紧度是否符合要求。

(3)负载测试(见图 6.14),在负载测试仪中:

①对输入的电流、负载电流进行测试。

②对转动力矩进行检查。

③测出各种负载曲线。

④输入电流波纹系数测量,合格即可送往包装。

(a)起动机 D/V 测试仪　　　　　　　　(b)紧固件扭力测试

图 6.14　起动机及其紧固件测试

(4)包装。对起动机进行空载 100%测试,合格后包装入库(见图 6.15)。

图 6.15　再制造起动机总成的包装

(5)发货前作交收试验。对同一天生产的产品抽验 5%,合格可以发货,抽验中只要有 1 台不合格,则应对当天生产的产品全部重新测试包装或重新返工才能发货。

6.5　汽车发电机再制造工艺流程

汽车发电机再制造一般分为四个部分(见图 6.16):

(1)对旧件进行分类解体。

(2)对解体后的零件进行清洗。

(3)对清洗后的零件分别进行检测、修复、性能升级、寿命评估或者重新制造。

(4)将修复后经检测合格的零件送到组装组进行装配成整机,整机测试合格后成品包装入库。

经过以上四个部分工艺加工,图 6.17 中左边旧件就变成右边再制造汽车起动机成品。图 6.18 为汽车发电机解体后的八大总成。

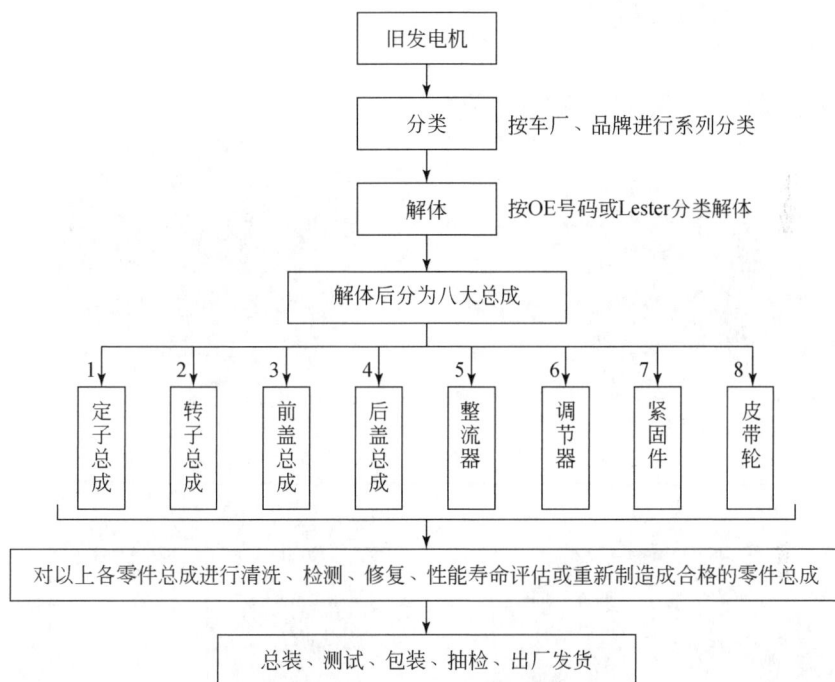

图 6.16 汽车发电机再制造工艺流程图

(a)汽车发电机旧件 　　　　(b)再制造汽车发电机成品

图 6.17 汽车发电机再制造前后对比

(a) 定子总成

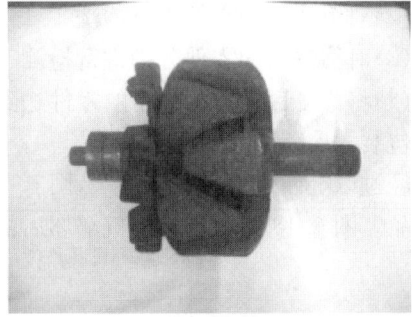

(b) 转子总成

(c) 前盖总成

(d) 后盖总成

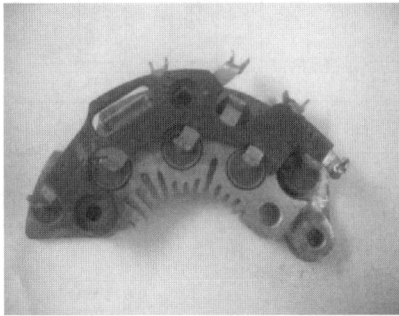

(e) 整流器

(f) 调节器

(g) 紧固件

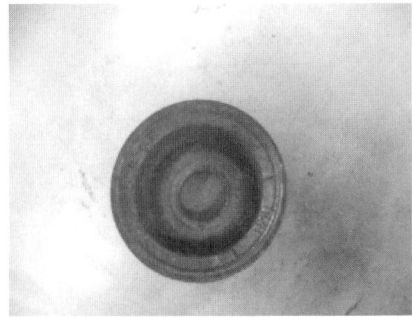

(h) 皮带轮

图 6.18　汽车发电机解体后的八大总成

6.5.1　定子总成再制造工艺流程

汽车发电机再制造的主要工艺流程包括：

(1)挑选测试,先清洗后烘干。烘干后,首先开展如下检测与试验：

①外观检测,挑选出外观合格的零件。

②对地做100V AC的高压击穿试验,因为没浸漆之前定子对铁芯的耐压很低。

③做三相短路测试。

以上三项指标合格后,进行真空浸漆处理或一般滴漆处理,再进行②、③两项测试,②项采用高压击穿,电压为500V,合格后即可以入库使用。

(2)经过挑选后,不合格品如下处理：

①把漆包线从定子中取出。

②对铁芯(定子盘)进行表面处理干净后,对尺寸进行整形。

③必要时对个别定子铁芯进行车加工和磨床加工。

④对合格的铁芯重新绕线、测试、真空浸漆或滴漆,再测试合格后入库使用。

图6.19列举了定子总成的再制造测试等关键环节。

(a) 旧定子　　　　　　　　　　(b) 定子高压测试

(c) 三相平衡测试　　　　　　　(d) 定子真空浸漆

图6.19　定子总成的再制造测试等关键环节

6.5.2　转子总成再制造工艺流程

首先对发电机转子进行目测,先清洗后烘干,然后开展如下工作:

(1)绝缘测试和短路测试。

(2)更换不合格品的滑环,一般 30%～40%要更换,更换后进行车床加工,加工到滑环的外径符合标准。

(3)进行轴的跳动测试,不合格的要进行校正,一般跳动小于 0.02mm。

(4)滑环跳动测试一般不大于 0.04mm。

(5)对轴的螺纹进行检查和修复。

(6)对转子重新进行浸漆作绝缘处理,检测合格后入库使用。

对地短路和匝间短路的转子进行解体后更换线圈,按照以下顺序进行:

(1)解体爪基。

(2)更换磁场线圈。

(3)更换新的轴、新的滑环。

(4)重新装配成转子。

(5)重新作绝缘处理。

(6)重新车加工,测试动平衡,再进行测试后为成品入库使用。

注意耐压试验未浸漆之前采用 100V 高压,浸漆烘干后使用 500V 电压测试。图 6.20 列举了转子总成的再制造关键环节。

(a)更换滑环　　　　　　　　　　(b)转子抛光打磨

(c)转子轴测试

图 6.20　转子总成的再制造关键环节

6.5.3　前、后端盖的总成再制造工艺流程

前、后端盖的总成再制造主要包括以下工艺流程：

(1)解体取出轴承。

(2)清洗后进行喷砂处理。

(3)检测。

主要检测内容包括：是否有裂缝、碰伤；对螺纹进行检查；对尺寸标准进行检查；检测合格入库使用。

(4)对于检测不合格产品，采取以下方法处理：

①用氩弧焊修补裂缝。

②用钢套重新嵌入螺纹。

③尺寸检测合格入库使用。

(5)轴承检验：

轴承先分类，把优质品的轴承和一般轴承分类开。一般品牌杂乱的轴承就不要使用；对于 NSK、NTN、美国、法国等好品牌轴承，可以先进行表面研磨，磨亮后进行测试，符合新轴承质量的轴承可以打开轴承盖，检查里面油脂是否满，如充满油脂，盖上轴承盖后即可投入使用；如不饱满，可用专用轴承清洗机清洗掉，加入 $40\sim200℃$ M33 硅油脂或同等质量的油脂加满后使用。轴承如噪声大要更换新品。图 6.21 列举了前、后端盖再制造过程中所用设备。

(a)轴承拔插机　　　　　　(b)轴承孔裂缝修补机

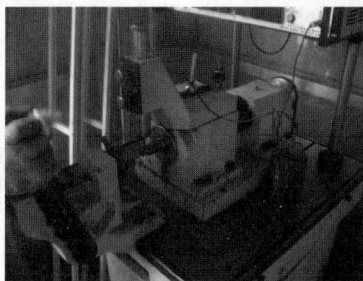

(c)轴承测试仪

图 6.21　前、后端盖再制造过程中所用设备

6.5.4　整流器再制造工艺流程

整流器的再制造主要包括以下流程：

(1)对整流器进行清洗、烘干，需要喷砂处理把表面清理干净。

(2)对所有二极管用欧姆表测量(见图 6.22(a))，当正反向电压都符合要求时，可以基本上认定该零件可继续使用。

(3)使用整流器负载测试仪(见图 6.22(b))对整流器进行加载测试。在整流器交流输入端加入三相交流电压，12V 发电机输入 6V AC 相电压；24V 整流器加入 12V AC 相电压。如图 6.23 调节电阻 R。使整流器输出电流和发电机的最大输出电流相同。例如：12V/100A 发电机要求整流器也在 12V/100A 情况下工作，工作时间如果能达到 1min 左右，可认定该零件可长期正常工作，注意工作时间不能太长，因为这个测量是在整流器没有冷却、没有散热的情况下进行，时间长会使整流器受伤或损坏。

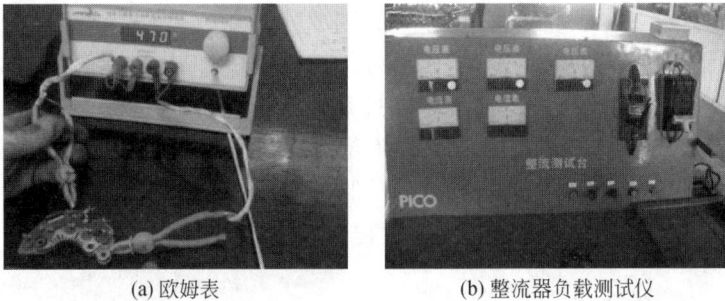

(a) 欧姆表　　　　　　　　　(b) 整流器负载测试仪

图 6.22　整流器再制造所用主要仪器

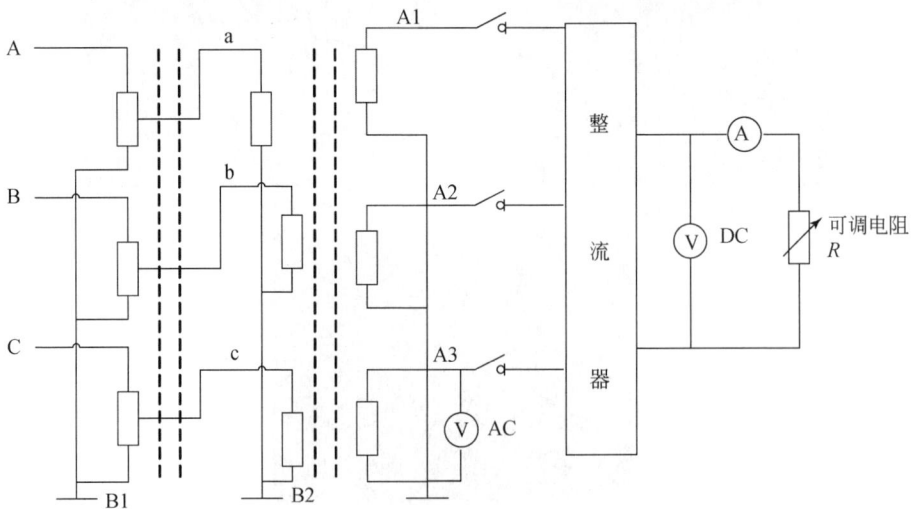

图 6.23　整流器电路图

　　(4)如果测量时有二极管烧掉,要把原型号二极管拿出来,更换同质量的二极管,更换时一定要用优质二极管,其正向压降一定要跟没损坏的二极管相同才可使用。反向击穿电压一般要在 200V 以上才能使用。

　　(5)更换二极管一般有两种,一种是焊接式,焊接时一定要注意焊牢,而且焊接面积要大于 90%,最好是用 250℃的焊接膏,用隧道炉焊接,如没有条件,可用恒温炉,热风焊接机也可以。另外一种二极管是压装式的,修理时把二极管压出来,新管压进去时,由于孔变大,新的二极管可能压不紧,散热会很差,整流器使用过程中很容易使二极管损毁。这个要注意,要购买或定制一些比标准二极管直径大 0.15mm 左右的二极管置换,这样二极管就能牢固压在散热扳上,整流器修复后就可以检测后投入使用。

6.5.5　调节器再制造工艺流程

　　调节器的再制造主要包括以下流程:
　　(1)清洗调节器。
　　(2)用仪器对调节器的各种参数进行测试(见图 6.24),不合格的丢掉。
　　(3)合格的调节器装在实验台的具体电路中实际运行,合格品入库投入使用。

6.5.6　紧固件再制造工艺流程

　　紧固件的再制造主要包括以下流程:
　　(1)清洗。
　　(2)电镀后分类目测合格入库使用。
　　(3)M6 以下的短螺钉螺帽更换新品。图 6.25 为所用的表面处理后的五金件。

图 6.24　调节器测试仪　　　　　　图 6.25　表面处理后的五金件

6.5.7　皮带轮再制造工艺流程

　　皮带轮的再制造主要包括以下流程:
　　(1)清洗,去油处理。
　　(2)研磨,去掉各种伤痕,保证表面的光洁度,修复有碰伤的部分。

（3）电镀或喷塑后检测入库使用。

图 6.26 为再制造前后的皮带轮实物对比。

　　　　(a)旧皮带轮　　　　　　　　　　　　　(b)再制造皮带轮

图 6.26　再制造前后的皮带轮

6.5.8　再制造发电机的总装工艺流程

发电机的再制造总装主要包括以下流程：

（1）把再制造发电机合格的八大总成送往组装线装配。

（2）组装后，在 6000r/min 时测试发电机的最大功率，在 $800\sim1500$r/min 时测试发电机的低端发电电流，检查是否有异常噪声，对各个紧固件进行扭力测试，检查螺丝的松紧度是否合格。

（3）使用发电机 AL-98DV 测试仪进行负载试验（见图 6.27(a)），测量发电机电流电压曲线、转速电流曲线，进行发电机输出电压稳定度测试与发电机直流波纹系数测试。

（4）包装装箱（见图 6.27(b)和(c)）。

（5）出货前进行交收试验，对同一天同批号产品抽查 5％，合格即可以发货，检测中只要有一台不合格品，对该天生产的产品全部重新测试包装后才能发货。

(a) 发电机AL-98DV测试仪

(b)单台再制造发电机包装　　　　　(c)批量包装出厂

图 6.27　再制造发电机总装测试与成品

6.6　旧件故障率与再制造产品质量提升分析

对每个损坏的发电机及起动机解体后进行分析与统计,记录下各个解体旧件的情况,分析哪个零件损坏或者磨损程度大,记录下来。例如,当解体 500 个旧件会发现哪些零件损坏较多,在对这 500 个旧件进行损坏零件统计时,对于同一个品种的零件失效较多的,一般大于 50% 以上的,要对这些失效的零件进行分析,想办法提高这部分零件的质量或者更改原设计。经过试验后确认成功,这样改进后的再制造电机的质量会高于原 OE 产品。例如,对某车厂的原装电机进行损坏后的分析,原电机在汽车保修期内损坏率是 4%,再制造后的产品在保修期内的损坏率仅为 0.7%。产品质量相当可靠。

6.7　经济性的分析

售后市场在售产品通常包括以下几类:一是 OE 产品——是指同汽车制造厂配套的汽车发电机及起动机,价格高;二是附件厂产品——是复制 OE 工厂的产品,它是新品,价格很低,往往使用价格低的原材料进行生产,工艺比 OE 厂粗糙,质量达不到 OE 厂的标准;三是“洗澡机”——是把旧件外观清理干净,更换一些损坏零件。更换的零件价格低、质量差,对原来的零件不进行检测及绝缘处理仅把外观做得很漂亮就装配起来的发电机、起动机,实际上是修理件,由于其价格很低,不可能做到高品质但外观却可以做得很漂亮、很像新品;四是再制造发电机、起动机,它使用的是 OE 的发电机、起动机的本体,使用的原材料本来就是 OE 厂使用的原材料,质量可靠,而且再制造厂解体后要对各个零件进行检测、绝缘处理;寿命评估和处理,使用的所有零件达到 OE 零件标准,另外再制造厂要通过分析试制,定出更换零件标准,所更换零件一部分是 OE 厂家的供应商,有一部分是同 OE 质量同等的制造厂生产的零件,这些零件组装出来的产品按 OE 标准检测。产品有实行三包和售后服务。质量可靠,但成本较高。同 OE 产品比较,价格在 OE 产品的60%～70%左右,具有很强的竞争能力。

再制造发电机、起动机使用的是旧件,旧件价格略高于废料价格,原材料成本低。更换的零件主要是一些易损件,更换的零件成本也不高。人工方面,再制造产品由于品种多,单个品种数量少,不利于自动化生产,所以使用的人工费用比制造全新机要高很多,但总成本还是比较低的,经济效益比较可观。

按国外市场上的销售情况来分析,再制造发电机、起动机市场价格是 OE 产品价格的60%～70%。平均净利都能控制在20%～30%之内。国内用户目前对再制造汽车零件的认识不足,许多用户目前还是把再制造产品当成二手产品看待,把再制造产品跟附件厂新产品或修理产品的价格进行比较,市场推广起来比较困难。正确观点是要把再制造产品的价格跟原车厂的产品进行比较,因为再制造发电机、起动机和原车厂的发电机、起动机具有同等的质量,同等保修期,同等的服务。这几年随着再制造行业的发展,市场上销售的再制造产品确实地给客户带来了质量、服务、价格优惠等好处。随着时间和用户认知水平的提高,再制造汽车零部件一定会像欧美国家一样被普遍使用。很快国内用户也会像国外用户一样,认识到修车首选是再制造产品,实在买不到再制造件再买 OE 全新品或者购买原装全新品,这种消费方式一旦形成,中国汽车的售后市场大部分使用的应该是再制造零件。再制造汽车零部件的生产,既有经济效益,又有社会效益,是个有前景的节能减排项目。

第7章　汽车制动钳再制造

汽车制动器分盘式制动器和鼓式制动器,制动卡钳是盘式制动器中的最主要部件。2005年开始,国内大部分乘用车前轮都装上了盘式制动器,2.0排量以上的乘用车后轮改为盘式制动器。2013年后,1.6排量以上的乘用车后制动器也改为盘式制动器,故现代汽车大部分装有4个制动钳或2个制动钳。再制造制动钳是根据旧件回收规范,由报废汽车旧件拆解及维修市场回收旧件作为再制造制动钳原材料。通过对主要再制造件钳体和支架的抛丸清洗、精密机床加工及表面处理等,使再制造后的钳体和支架达到新件甚至高于新件要求。再更换部分的新零件重新组装起来的产品,其性能及使用寿命满足《液压制动钳总成性能要求及台架试验方法》(QC/T 592—2013),再投放市场供用户维修车辆使用,并具有同原装车制动钳一样的质保期及售后服务。

7.1　再制造汽车制动钳概述

再制造制动钳同修理厂维修制动钳具有不同的生产工艺,其特点如下:

(1)维修制动钳,是更换确认损坏的零件使制动钳继续使用。维修制动钳不能保证用户的使用年限,因为维修对每个零件没有重新处理,没有对零件使用寿命进行评估,没有办法确定产品使用寿命。

(2)再制造制动钳,是把所有的零件拆解,可再制造零件严格按照再制造零件工艺流程处理,使处理后的零件在质量上都能达到原来新件产品中零件的标准,不可再制造的零件全部更换合格新件。参照《液压制动钳总成性能要求及台架试验方法》进行相关测试,确保其产品性能、寿命都达到新件的标准才能供应给客户使用。

再制造制动钳是汽车底盘再制造重要项目。美国独立后市场每年制动钳销量大约1500万个,其中有1200万个来自再制造制动钳,占到整个美国维修市场80%的份额。目前国内独立后市场制动卡钳年需求大致800万台左右,市场需求量巨大。由于再制造是用旧件来作为毛坯件生产,成本低,销售价格也便宜,可以给客户带来高质量、低价格的有质量保障产品。给用户带来最实在的经济利益。如果有50%产品来自再制造制动钳,每个制动钳平均3kg,一年就可以节省1.2万t的金属材料。冶炼这1.2万t的金属材料要产生大量的碳排放可见其在节约能源和环境保护方面的意义重大。

如图7.1所示,汽车制动钳再制造一般分为四个部分:对旧件进行分类解体;

对解体后的零件进行清洗;对清洗后的零件分别进行检测、修复、性能升级、寿命评估、再制造;将修复后经检测合格的零件送到组装组进行装配成整机,整机测试合格后成品包装入库。

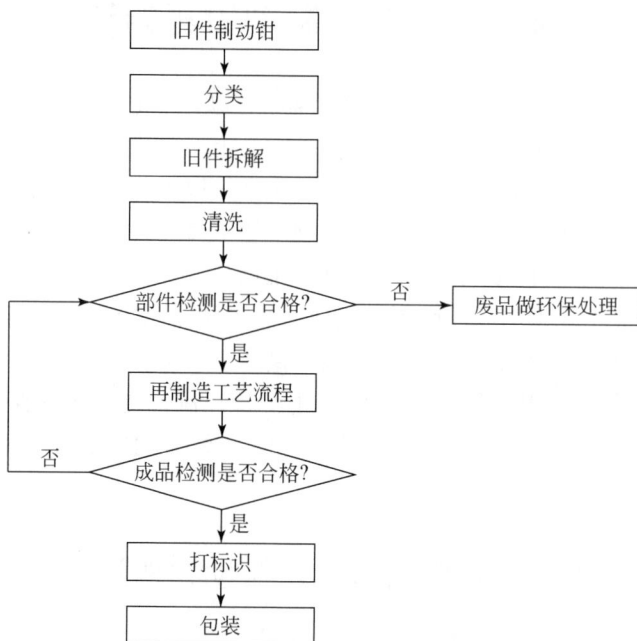

```
┌─────────────┐
│  旧件制动钳  │
└─────────────┘
       │
┌─────────────┐
│    分类     │
└─────────────┘
       │
┌─────────────┐
│  旧件拆解   │
└─────────────┘
       │
┌─────────────┐
│    清洗     │
└─────────────┘
       │
   ╱─────────╲           否    ┌─────────────────┐
  ╱ 部件检测是否合格? ╲ ───────→│ 废品做环保处理  │
   ╲─────────╱                 └─────────────────┘
       │ 是
┌─────────────┐
│ 再制造工艺流程 │
└─────────────┘
       │
   ╱─────────╲
  ╱ 成品检测是否合格? ╲
   ╲─────────╱
       │ 是
┌─────────────┐
│   打标识    │
└─────────────┘
       │
┌─────────────┐
│    包装     │
└─────────────┘
```

图 7.1　汽车制动钳再制造工艺流程示意图

7.2　旧件收购与分类

旧件收购的标准制定和回收型号质量把控是再制造项目推进的关键环节。再制造旧件回收主要通过外观、旧件铸造号、车厂商标标识等手段来识别产品车型、是否为原厂件。再制造制动钳旧件原则上都要是原厂件,其目的是保证再制造制动钳铸造质量和产品尺寸。对可用再制造旧件在仓库要分类保管。

汽车制动钳再制造旧件收购是重要的关键点,我国之前对再制造制动钳认识不足,旧件收购无系统,为确保汽车制动钳旧件收购合理有序进行,实现多层次供需双赢,完善收购体系和加强验收办法,企业需制定收购制动钳旧件实施细则。

7.2.1　收购制动钳旧件的要求

收购主要以大众(VW)、通用(GM)、现代(HYUNDAI)、丰田(TOYOTA)、马自达(MAZDA)、依维柯(IVECO)、标致(PEUGEOT)、福特(Ford)等车型制动钳旧件;具体车型以提供的产品图为准(图片附有产品图、适用车型、产品生产厂家、产品铸造号等信息)。

对于回收件的产品质量,要求旧件外表或螺孔不得严重腐蚀、螺纹孔损坏、螺钉断在螺纹孔内;钳体与支架不能有明显的缺损;旧件商标图形或文字要求清晰、规范。钳体或支架有主机厂车型文字(字母)、生产厂家商标且清晰、规范。

典型的,对于放气螺钉缺失、放气螺钉断于钳体之内,没有支架的钳体,以及商标图形或文字(字母)不清晰、不规范钳体旧件(见图7.2~图7.4),做拒收处理。

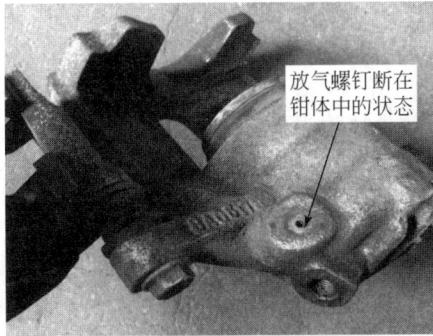

图 7.2　放气螺钉缺失或折断的钳体

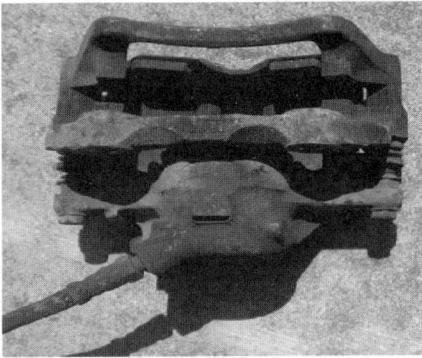

(a)有支架

(b)无支架

图 7.3　有无支架的制动钳对比

图 7.4　商标图形或文字不清晰、不规范的制动钳

7.2.2　制动钳旧件分类与包装

制动钳旧件包装发运前应按上述具体要求进行检查,确认合格后再分类包装。制动钳旧件外包装应结实,防雨易装卸,随货应附有装箱单(品种、数量),建议用加厚吨袋(单包重不超过 1t)装运。

7.3　旧件样品分解和试制

对每一种新开发再制造制动钳要进行样品试制,其目的是要检验再制造后的产品,其制动性能及寿命是否能达到 QC/T 592-2013 的要求。

1. 再制造制动钳性能试验

参照图 7.5 所示的密封性能试验机,按如下参数要求进行密封性耐受试验:

(1)再制造制动钳进行真空密封性试验:施加压力 250 ± 50Pa,记录 20s 内压力值,试验完成后压力值不应高于 200Pa。

(2)再制造制动钳进行低压密封性试验:施加压力 300 ± 50kPa,记录 30s 内压力降,试验完成后其压力降不大于 0.34kPa。

(3)再制造制动钳进行高压密封性试验:施加压力 16 ± 1kPa,记录 30s 内压力降,试验完成后其压力降不大于 0.2MPa。

(4)再制造制动钳进行拖滞扭矩试验:施加压力 7MPa,保持 5s,试验完成后扭矩最大值不应大于 3.5N·m。

(5)再制造制动钳进行活塞回位量试验:施加压力 7MPa,保持 5s,试验完成后活塞回位量不应大于 0.6mm。

2. 再制造制动钳耐久性试验标准

再制造制动钳承受常温耐久性 50 万次、低温耐久性 1 万次、高温耐久性 21 万次试验(试验设备如图 7.6 所示),试验后检查各零件是否有损害功能的磨损及损坏。

图 7.5　密封性能试验机　　　　　图 7.6　高低温试验机

通过以上试验试制过程，可弄清楚这个旧件原 OE 产品的质量标准和各零件的尺寸要求，同时可制定相应钳体、支架等主要再制造零件的技术文件和工艺文件指导批量生产。

7.4 汽车制动钳主要零件的再制造

拆解后主要零件如图 7.7 所示，包括钳体、支架、活塞、导向销、放气螺钉、橡胶件、弹簧片、螺栓。其中橡胶件、放气螺钉、弹簧片要求全部使用新品，钳体、支架、活塞等可实施再制造循环使用。

(a) 钳体　　　　　　　　　　　　　(b) 支架

(c) 活塞　　　　　(d) 导向销　　　　　(e) 放气螺钉

(f) 橡胶件　　　　　(g) 弹簧片　　　　　(h) 螺栓

图 7.7 汽车制动钳拆解后的主要零件

1. 钳体再制造

钳体经过清洗喷砂处理干净后（见图 7.8(a)），检查各安装孔和表面的尺寸是否符合图纸的要求，检查内孔是否达到要求，要看具体相配合的尺寸而定。钳体有铝件和铁件的,经清洗喷砂干净后的钳体可进行电镀再制造处理(见图 7.8(b)),也可以采用喷塑处理。

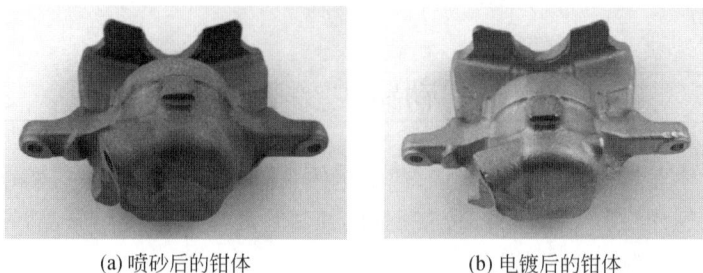

(a) 喷砂后的钳体　　　　　　　　(b) 电镀后的钳体

图 7.8　再制造的钳体

2. 支架再制造

如图 7.9 所示,支架经过清洗喷砂处理干净后,检查各安装孔和关键的尺寸是否符合图纸的要求,然后对经清洗喷砂干净后的支架进行电镀或喷塑处理。

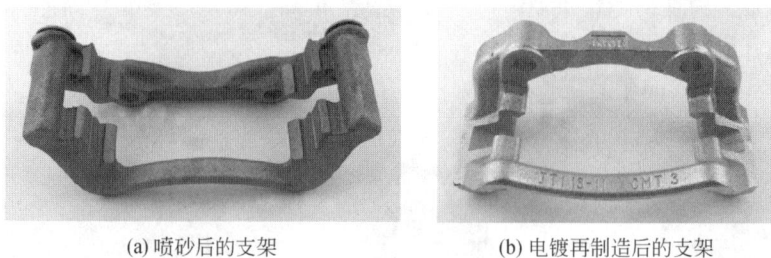

(a) 喷砂后的支架　　　　　　　　(b) 电镀再制造后的支架

图 7.9　再制造的支架

3. 活塞再制造

活塞要经过清洗、研磨、防锈处理,处理后的活塞如图 7.10 所示,活塞经过清洗,如有变形的必须更换新品。

图 7.10　处理后的活塞

第 8 章　汽车 ECU/TCU 的再制造

近年来,随着国内汽车再制造产业的发展,许多人开始把眼光落在了汽车内部的电子控制单元上。这方面的再制造国外相对成熟,而国内因为技术水平发展的限制如今才刚刚起步,本章主要介绍汽车电子控制单元的再制造知识。

8.1　产品功能介绍

汽车内部包含了许多电子控制单元,分别控制着汽车内部的发动机、变速箱、ABS、车身等系统;本节介绍的是其中最主要的发动机控制单元(engine control unit,ECU)(见图 8.1)和变速箱控制单元(TCU),如图 8.2 所示。

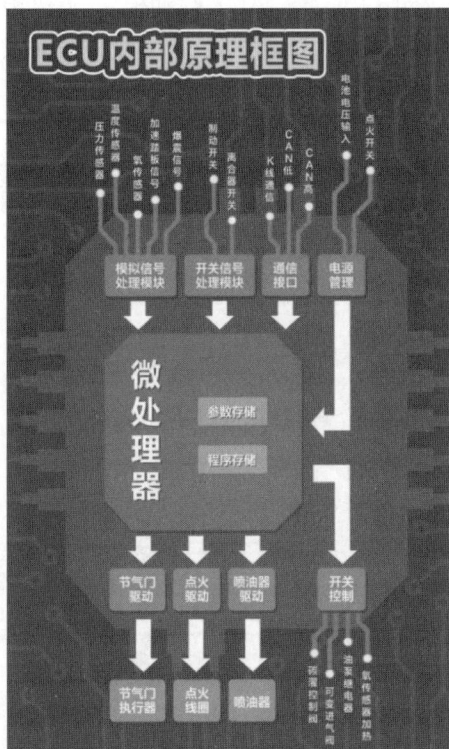

图 8.1　ECU 内部原理框图

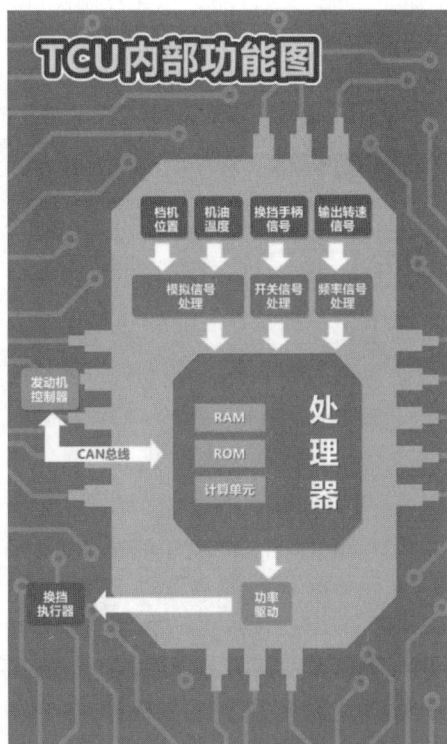

图 8.2　TCU 内部功能图

8.1.1　ECU 概述

顾名思义,ECU 的任务就是控制汽车发动机的运作。ECU 由 16 位或 32 位处理器、信号处理电路、功率驱动模块等组成,要通过严格的电磁兼容性测试,大功率器件处必须涂以散热胶。其电压工作范围一般在 12V(汽油)、24V(柴油)左右,内部关键处有稳压装置;工作温度在 −40～140℃。能承受 1000Hz 以下的振动,因此 ECU 损坏的概率非常小。此外,ECU 一般还具有自诊断和保护功能,当系统运转不良时,CPU 会将故障代码写入内部的 FLASH 中便于诊断维修,并通过故障灯提示车主。当前主要的 ECU 供应商包括大陆汽车电子、博世汽车电子、德尔福、电装、马牌(西门子)等。

ECU 通过引擎的进气温度传感器(IAT sensor)、油门开度传感器(TPS sensor)、歧管压力传感器(MAP sensor)、水温传感器(ECT sensor)、曲轴角度传感器(crank sensor)、爆震传感器(knock sensor)、氧传感器(O_2 sensor)等获取当前的发动机工作状态,并从制动、离合、踏板等汽车开关获取当前的控制状态,在经过控制单元内部的单片机进行计算后,对各个执行器发出控制信号来控制执行器的动作,引擎上常见的执行器有怠速控制阀(idle air control valve,IAC)、喷油模块、点火模块、EGR 阀、VVT 控制器、活性炭罐脱气阀等。图 8.3 所示的就是一种典型的发动机电子控制系统原理图。

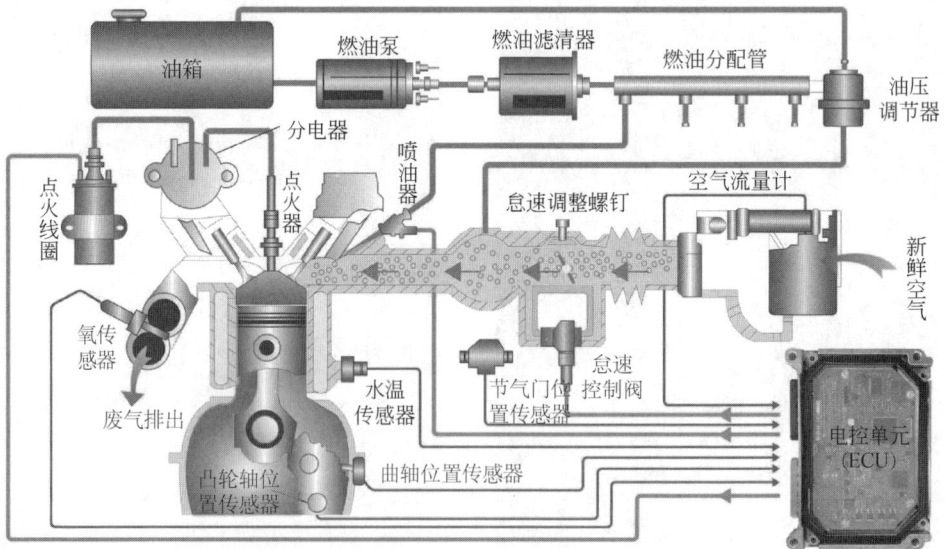

图 8.3　发动机电子控制系统(见彩图 8.3)

ECU 通过 CAN 总线与汽车的其他控制单元构成网络,从而协调整个车的动作。部分 ECU 还具有 K 线,K 线和 CAN 总线也集成在汽车的 OBD 接口上,用在与外部的诊断仪连接,进行数据流和故障码的读取。数据流指的是 ECU 实时获取的各传感器数据,从数据流可以判断各传感器和执行单元是否运转正常;故障码是 ECU 通过自诊断功能得到的故障代码,通过诊断设备或者参照故障码表可以得出汽车的详细故障原因。

8.1.2　TCU 概述

TCU(transmission control unit)变速箱控制单元,常用于 AMT、AT、CVT、DCT 等自动变速箱上。它的任务就是控制变速箱的运作,实现自动变速。

TCU 的结构和物理参数与 ECU 相似,工作温度取决于安装位置,通常安装在驾驶舱内,要求的温度等级较低,−40～90℃。如果安装在发动机舱,温度等级通常为−40～140℃。TCU 也使用 CAN 总线网络与其他控制单元通讯,通过换挡手柄的控制信号和当前转速、挡位等信号对变速箱的转速进行控制;在变速箱出现故障时控制发动机扭矩,限制挡位,实现跛行回家功能。当前主要的 TCU 供应商包括大陆汽车电子、博世汽车电子、德尔福、电装、艾里逊等。图 8.4 就是一种典型自动变速箱电子控制系统原理图。

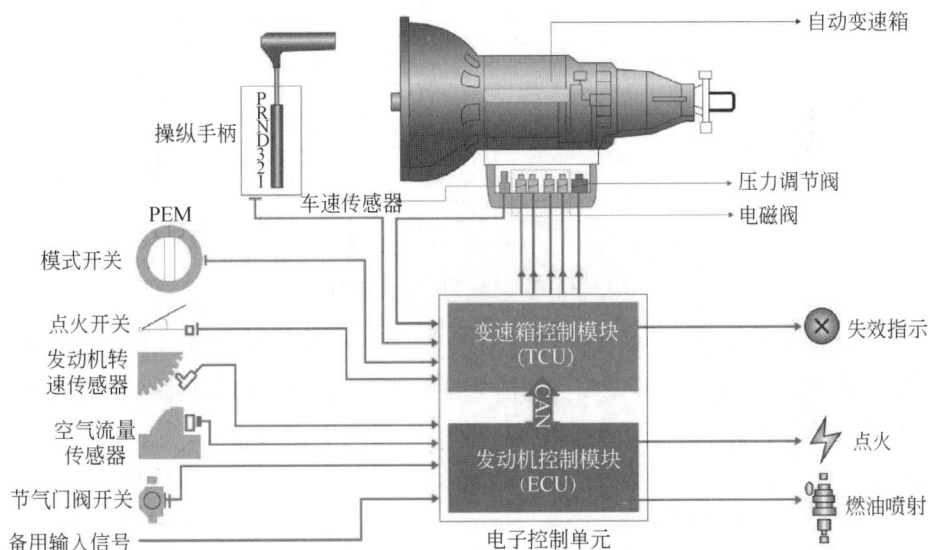

图 8.4　自动变速箱电子控制系统(见彩图 8.4)

TCU 的工作电流较大,除了散热胶以外,针脚与电路板的触点间还必须用银线点焊连接,部分 TCU 并非 ECU 一样的独立模块,而是与传感器整合,并在结构上适配其对应的变速箱。

8.2　再制造工艺流程

一个电控单元从回收到检验出厂,其再制造必须经过规范的工艺流程以确保其再制造质量[11~15]。本节介绍的是 ECU/TCU 的再制造流程,由于 ECU 和 TCU 构造类似,后面着重以 ECU 为介绍对象。

8.2.1　回收与拆解

旧件/坏件回收一直是再制造的第一步。再制造厂商应对 ECU 回收制定一套严格的回收标准,根据 ECU 型号、适用车型、外壳和接插件破损程度、出厂年限对是否回收、回收价格作出标定,对外壳严重受伤、烧毁的予以报废,报废件可以以一定价格回收其可用器件及芯片。

通常情况下,回收回来的 ECU 旧件/坏件进入再制造工序后,都可以按照再制造工艺流程进行处理,如图 8.5 所示。

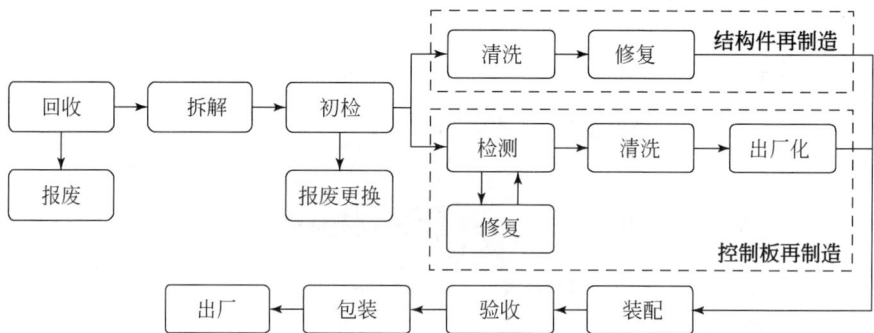

图 8.5　ECU 再制造工艺流程图

拆解的目的是便于后面的各部分清洗、替换、性能检测的进行,并对密封胶等进行更换,防止老化。拆解应该尽可能避免外壳和接插座的物理损伤以保障零件再制造质量和利用率,并且要避免对 ECU 内部的电路板和电子元件造成任何损伤。

拆解的步骤如下:

(1)要用合适的螺丝刀卸下 ECU 外围的固定螺丝并妥善保存。

(2)对于有密封胶的 ECU,要根据 ECU 外壳的密封胶种类采用合适的软化剂进行处理。

(3)使用专用工具从远离接插件的一边撬开 ECU 的外壳,并注意不要引起外壳的变形、损伤。

(4)将外壳与电路板完全分离,注意不要引起塑料接插座的损伤。

（5）外壳、电路板和螺丝进行统一编号，并在数据库中记录，以便最后装配。

（6）对于破损严重的部分应直接做报废处理，如果电路板破损严重，可以选择后续直接更换电路板，或者将外壳单独进行再制造流程并作为可用替换件回收。

（7）特殊的，对于以奥迪的 01J 等型号为代表的 TCU，其电路板拆解应在确认其内部存在硬件故障后进行，应采用合适的切割工具直接切开其控制单元保护盖，并需注意沿边缘整个切离，便于完整还原。

8.2.2　初次清洗

清洗是 ECU 的第二道工序，再制造的 ECU 都是回收自一两年以前的汽车，ECU 外壳虽然没有损伤，但表面和接插座内往往沾有许多灰尘、油污和积炭，有些金属表面还会生锈；部分 ECU 没有进行完全密封处理，内部的电路板上也沾有不少灰尘等污物，容易造成短路、接触不良等问题。许多 ECU 的故障也因此而起。因此拆解后需要对 ECU 进行清洗。

清洗要求如下：

（1）对金属外壳、接插件首先使用超声波清洗，配合专用溶液，清洗时间和温度取决于实际情况，并酌情配合手工清理，清理完成后应使用清水冲洗并用压缩空气吹净缝隙的残留液。

（2）对 PCB 板同样使用超声波清洗，使用洗板水这类的专用洗剂，洗净后应在通风橱中让洗剂挥发并使用压缩空气吹净。

（3）对于金属外壳和接插座的黏胶部分，应使用专用溶剂软化溶解并配合手工除胶，应确保表面清除干净，对于 PCB 板上的保护胶、散热胶等，可以视情况选择局部手工除胶或用不损坏电路板的专用胶进行整体除胶。

（4）对于生锈部分需根据外壳材质进行适当酸洗，完成后同样需按照工序（1）进行清洗和吹干，对于接插件内部的针脚生锈，在不严重的情况下有条件的可以进行清洗以及重新电镀，也可根据损伤情况酌情更换接插座。

（5）清洗剂应确保绿色无污染，不会对零部件造成腐蚀，如果零部件受损严重，应该直接更换，以确保再制造件的物理性能。

8.2.3　故障检测

检测包括对 ECU 的内部电路进行故障排查以及对外壳的物理参数测试，确保再制造产品不存在电子故障，确保其品质。

对于内部存在电路问题或者器件损坏的 ECU 需要根据其故障代码找出损坏器件并予以更换，对于故障排查完毕的需进行各项可靠性的检测。

内部电路检测流程如下：

1）搭建检测环境

首先参考再制造 ECU 型号的针脚定义，确定输入输出脚及其输入输出类型，

并连接对应的设备,包括但不仅限于:

电源:直流电源。

周期信号输入脚:信号发生器、波形发生器。

模拟信号输入脚:变阻器、可调电源等。

开关信号输入脚:模拟开关。

周期信号输出脚:示波器、频率计,负载。

模拟信号输出脚:电压表、电流表,负载。

开关信号输出脚:指示灯,负载。

数据通讯口:诊断仪,其他通讯模块。

检测环境的搭建可以采用多个独立设备协同工作,也可以采用一体化的检测环境平台。检测输入脚必须根据 ECU 的电气特性选择合适的输入电压、输入电流和输出阻抗,输出脚必须连接专门的负载,输入输出脚应有相应的保护电路,检测设备应选用 $10M\Omega$ 以上的高阻抗设备,检测环境需要能承受比再制造 ECU 更高的静电测试、振动测试指标。

2)初步检测

初步检测包含第一次和第二次检测。

平台搭建完成后,在与 ECU 连接前需要先对 ECU 的电路板进行第一次检测,检测内容包括:

(1)目视检测。观察板上有无器件烧毁、电路烧毁的情况,如有需进行相应的维修和更换。

(2)针脚检测。参考再制造 ECU 型号的原理图、电路图等资料,对板上主要的信号、数据电路进行短路和断路测试,如有异常开路或短路需确认问题所在并进行维修。

(3)接插座检测。如果接插座存在受损、老化严重,影响电气性能,无法修复的情况,应对接插座进行直接更换,更换的接插座应该在耐流、阻抗、金属镀层、塑料强度等方面与原厂器件品质保持一致。

在第一次检测及相应维修完成后,可以根据针脚定义将 ECU 与检测环境进行连接,确认无误后,开启电源,并确保平台各项输入值符合该型号 ECU 规范,进行第二次检测,检测内容包括:

(1)电压检测。检测主要芯片模块的电源、特定电压输入输出脚的电压是否符合该 ECU 的电气规范。

(2)温度检测。检测板上的器件发热是否在正常范围,当器件损坏,内部出现击穿或者断路时,器件无法正常工作,可能表现为过热或者无发热(功率器件)。

(3)替换及再检测。对于以上存在问题的器件需要进行直接更换以确保再制造质量,更换完成后需对以上指标进行再次测试。

3)建立连接及故障检测

初步检测完成后,需用专用或通用故障检测仪通过 OBD 口或其他接口与 ECU 连接,选择对应的车型或总线协议并进行连接,如连接成功,则可清除故障码并进行故障检测,如失败则需分析原因,对于 ECU 未满足启动条件的,需要对各端子启动状态、启动开关、点火开关、钥匙匹配等进行排查;对于收发器 IC 损坏或通信线路有问题的可以采用 CAN 总线分析仪等专用仪器对 CAN 总线或 K 线线路及通信译码模块等进行排查,更换受损器件;修复完成后重新进行连接。

连接成功后,需进行故障检测,首先需要清除故障码,许多再制造 ECU 拆自故障汽车,由于车内的其他传感器、接插座等的老化故障也会造成汽车故障,因此 ECU 内的故障码不一定由 ECU 自身造成,需先对其进行清除。

故障码清除完毕后,再次读取故障码,根据故障码内容对相应的电路及器件进行分析查找问题,并进行受损器件的更换。故障码通常包括但不限于:传感器线路不良、传感器电压超出阈值、传感器线路故障、执行器线路不良、执行器线路故障、执行器位置超出阈值等。由于与 ECU 连接的是专用诊断环境,因此可以排除下游传感器和执行器的故障,其故障产生必然来自内部,比如采样电路、采样器件、通讯总线异常可能会导致传感器故障,功率管及其驱动电路可能会导致执行器故障,分析故障时可以采用多种方式,对于模拟信号可以使用万用表进行检测,对于曲轴信号等波形信号需要使用示波器进行波形检测。

为了分析故障码的详细成因,以及对 ECU 的输入输出电路进行分析,还需要进行数据流的读取并进行分析:

(1)通过对数据流进行分析,可以得到当前 ECU 的详细工作状态,并对数据流中 ECU 接受的数据和输出的动作与检测环境的实际输入值和获取的输出值进行比对,以进一步排查一些隐藏问题。例如当调节某个温度输入信号,但数据流中对应的温度数据没有改变,尽管 ECU 的测定值在正常范围内因而没有故障码产生,但无疑该传感器的输入电路存在与别的信号短路或其他故障导致 ECU 接收到的温度信号没有变化,需要分析问题成因并进行维修。

(2)对于一些通过 CAN 总线与 ECU 进行交互从而动作的功能,通过数据流或者输出端的指示灯来判断动作指令否有正常执行,常见的动作执行包括各种阀门、空调、风扇、喷油等。

对于 01J 等特殊的 TCU,还应对其外部的霍尔传感器等一系列传感器进行各项工作参数的检测,检测方式主要通过外部模拟信号输入,并通过数据流读取观察其工作是否正常。

4)负载测试及试验车路测

完成第三步后,ECU 的基本故障已经排查完毕,接下来需要参照原厂或全新同型号 ECU 的实测得到的 ECU 针脚正常数值表对各个针脚的输入输出阻抗、电压、电流进行负载测试,时间应不低于 12h,有条件的可以放到试验车上路测。

外壳的物理参数测试主要包括压力测试、温度测试等,主要目的是确保外壳没有因为老化破损导致其性能下降,影响再制造品质,外壳上如有塑胶通气口的,应根据其老化损坏程度予以维修清洗或直接更换。

8.2.4 维修更换

本步骤与检测环节交替进行,主要目的是修复受损电路,更换受损元件,确保再制造品质。

维修更换的主要步骤如下:

(1)对于电路受损、断路的,根据其所在支路过流大小,使用不同直径漆包线进行锡焊或者银线点焊重新连接,如果受损的是信号线则需要对其差分阻抗进行匹配测试。

(2)对于器件端子受损、虚焊的,用焊锡进行补焊。

(3)对于器件受损的,需要更换同型号的器件,可以采用热风枪、烙铁等多种方式,但应注意不要对电路、焊盘造成二次损害,当替换器件为电阻、电容等模拟器件时,应确保其耐压、耐流、精度不低于原件,以确保性能。

(4)除了对 ECU 存储器件进行更换,还需采用专用设备进行器件固件更换,原则上不应刷入改写过的第三方固件,以确保安全。

(5)出厂时固件需还原至出厂状态的,应在一些 ECU 环境适应方面对客户或合作维修厂提供相应的匹配指导和工具。

(6)对于奥迪 01J 等 TCU,维修范围一般仅限于烧毁电路、电容、外围传感器等器件的修复,如果确认其芯片受损,应整个予以报废。

(7)除了电路外,如果金属外壳存在破损、变形、腐蚀但情况轻微不影响其使用性能的,也需对其进行修复,确保零件利用率。主要手段包括冲压、酸洗、喷砂等;如损坏严重需要更换的,须确保更换件品质符合要求,需在数据库中进行相应登记。

8.2.5 装配

维修,替换,检测完成后,需要进行装配及出厂前的最后检验,具体流程如下:

(1)二次清洗。在组装前需进行再清洗,参考 8.2.2 节的工艺对金属外壳进行清水清洗,空气干燥,并确保其表面光洁干燥,电路板用洗板水进行清洗并在通风橱干燥,以洗去维修时残留的助焊剂、锡渣等。

(2)涂胶。在组装前,需要重新在外壳边缘密封槽等原来打胶的地方涂上密封胶,胶的种类和性能取决于 ECU 的原厂规范,应确保密封质量但不能过度造成浪费,电路板上应根据原来的位置和材质重新打上散热硅胶、保护胶、固定胶,打胶可以使用专用设备,也可以手工完成,但必须保证洁净度,防止杂质。

（3）组装。上完胶后,应立即将外壳与电路板进行组装,组装时应确保空气干燥清洁,环境温度和湿度应符合相应规范,外壳上壳与下壳还有接插件之间的卡扣和凹槽应互相对准,不能错位,组装完后应进行压实,保证其密封性,并按照原厂的扭矩要求（如果有）锁紧固定螺丝,如果采用的密封胶需要特殊固化处理的需要进行相应的固化。

8.2.6 出厂验收

装配完成后,即可进行出厂验收,出厂验收时需按照有关标准规范在外壳上贴上相应的标签,有条件的应使用激光镭雕,应注明产品的再制造类型,适用车型、零件编号,并附上相应的质量合格证明妥善包装;同时应该在数据库中进行登记便于后续监管。

出厂前需要按照有关规范使用专用仪器进行验收,检验内容包括但不仅限于:

（1）气密性检验（针对完全密封型 ECU）。根据 ECU 类型采用合适的设备进行气密性检测,确保 ECU 的气密性良好,防止因为工作环境的气压变化造成损伤,对于存在专门的 ECU,先要对透气口处采取必要的连接或隔离措施,然后用气体泄露测试仪进行其他部位的气密性检测。

（2）空气环境检验。根据原厂提供的该型号 ECU 工作指标将 ECU 置于工作范围内的最高温、最低温、最高湿度环境下连接检测平台进行持续工作测试,防止再制造产品在恶劣环境下出现故障。

（3）静电测试。参考原厂提供的指标,对 ECU 进行不低于 8kV 的静电测试,必须确保 ECU 不会发生重启、死机等现象。

（4）振动测试。参考原厂指标,对 ECU 进行至少 1kHz 以下的振动测试,必须确保其在振动环境下能正常工作。

（5）故障应急测试。通过诊断环境模拟汽车突发故障,检测 ECU。

8.3 ECU/TCU 再制造技术规范

由于 ECU 再制造产业在我国还处在起步阶段,因此有关的标准尚未完善,本小节主要介绍关于 ECU 再制造方面可供参考的相关国家规范,并对现有标准规范并未涉及的方面提出一些具有参考性的操作方法。

8.3.1 再制造相关规范

1. 拆解（《汽车零部件再制造 拆解》（GB/T 28675－2012））

该技术规范主要介绍拆解过程中的具体注意事项,其中关于拆解方法,比较适合 ECU 的是专用拉器法,但由于 ECU 普遍采用密封胶进行紧密密封,因此对于接缝较宽的,可以采用密封胶软化剂渗透软化,再用拉器拉开,如果密封胶无法软化,或接缝过小无法渗透的,可以采用通用方式配合适当工具进行手工撬开,但不应对外壳造成物理损害,并尽量避免划痕。

2. 清洗(《汽车零部件再制造　清洗》(GB/T 28677—2012))

该技术规范主要介绍零部件清洗时的注意事项,适合 ECU 的清洗方式是溶液和超声波清洗并用,对于表面附着物、灰尘过多的可以先用手工或清水除尘;对于有喷漆的 ECU(常见于柴油 ECU)可以先用专业溶剂除漆;对于 ECU 的密封胶可采用溶液溶解或手工清除的方式,但应保证清除干净,以便二次密封;对于电路板需要用洗板水清洗,有必要的还需要用专用溶剂除胶。注意定期更换洗液、保持适当的水温以保证清洗效果,洗液要避免二次腐蚀,选择无公害的环保洗液。

3. 装配(《汽车零部件再制造　装配》(GB/T 28679—2012))

该技术规范主要介绍装配的注意事项,注意涂胶时要选择性能符合原厂要求的密封胶,常用的有乐泰、太阳牌的硅密封胶,涂胶时要均匀完整,压合需要采用专用工具或治具确保没有气泡和缝隙,保障密封效果;电路板在装配前应按照原厂产品的要求打上散热胶、固定胶和保护胶,散热胶和保护胶应该使用专业的打胶机进行打胶。

4. 出厂验收(GB/T 28678—2012)

该技术规范主要介绍出厂验收的注意事项,注意标签、包装、质量合格证明等齐全、符合规范,每个再制造 ECU 都应进行各项指标验收,且应随机抽取在检测平台上进行 24h 的长时间测试或在对应车型试验车上进行一定公里数的路测。验收完成后出厂前应进行详细登记,外壳上应打上激光标签确保对商品进行流动监管。

8.3.2　维修检测相关规范

技术规范《汽车发动机电子控制系统修理技术要求》(GB/T 19910—2005)适用于汽车的全车电子系统检修,考虑到汽车的传感器、执行器等的故障有可能是 ECU 故障导致,因此本规范中的点火及控制系统的测试规范同样适用于 ECU 的各个功能测试,但应注意确保 ECU 的虚拟检测平台的各项输入信号和输出负载符合实车的各项指标,以确保通过模拟平台检测出的 ECU 故障真实可靠。

对于 ECU 的储存器件等,需要刷写固件的,应确保固件来源可靠,版本为适合该车型的最新版本,对于有环境学习等功能的 ECU,出厂固件与正常工作固件存在差别的,应使用工作固件完成各项检测,在出厂时刷写为对应出厂固件,并在相关方面给予下游厂商有关的技术支持。

8.4　设 备 检 测

检测 ECU 工作状态包括电源、输入、输出三个部分,原则上各个针脚都应有专门的指示灯或显示模块指示其状态或显示该脚的特定参数,应对各个输入输出脚具体功能给出相应标示,各个针脚的接口电路应符合所用车型以及原厂提供的电气规范,并有相应的保护电路。

8.4.1　ECU 工作环境模拟

电源要求能提供 12～24V,符合 ECU 工作电压和功率需求,确保 ECU 有足够的带载能力,建议使用数字稳压源,除了提供工作电压外,还可对 ECU 的工作电流进行监控,判断 ECU 运作是否正常。

输入分为模拟信号输入、开关信号输入、周期信号输入三种:

(1)模拟信号的输入端可以是可调电源或者滑线变阻器,可调电源要求与 ECU 自带的传感器接口共地,滑线变阻器直接连接 ECU 传感器接口的电源和地线;电压调节范围视传感器的输出电压范围而定,不管是哪个都应具有一定精度,并且应自带显示或通过万用表显示其当前输入电压,由于大部分模拟信号是传感器发出的,有条件的话应该令检测平台换算出传感器检测的变量值便于比对。

(2)开关信号输入端是连接固定电压源和地的开关,可以是物理开关,也可以使用数字开关进行控制,电平大小取决于实际参数。

(3)周期信号输入端连接信号发生器或任意波形发生器,可以针对特定接口使用专门的方波、正弦波发生器,但对于像曲轴信号这类特殊的波形信号应采用任意波形发生器,设备应提供显示模块显示当前输入的信号频率。

输出分为周期信号(主要为方波)、开关信号、模拟信号(较少)三种:

(1)输出信号的接收脚要求连接相应的负载,以便对其带载能力进行测试。

(2)周期信号接收器必须能显示输出的频率,其中步进电机、喷油、点火信号等除了测试其基本功能外,还应对电机转速、喷油时序等进行监测分析。

(3)模拟信号同样需要用万用表进行测量;开关信号必须有专门的指示灯指示其动作状态。

为了符合电气规范,输入输出脚建议通过专门的电路板整合到与 ECU 接插座匹配的工具上与 ECU 直接连接,以确保测试结果的准确,方便测试时连接检测设备;整个检测环境应该具有与 ECU 同等以上的抗静电能力,与 ECU 连接的治具应该在承受振动、高温、低温、湿度等环境的性能上与 ECU 保持一致。

8.4.2　ECU 故障仪器诊断

ECU 故障诊断仪器主要包括诊断仪、万用表、示波器三种:

诊断仪主要通过 CAN 总线和 K 线与 ECU 进行通讯,建议使用原厂诊断仪,也可采用性能可靠的通用检测仪,要求诊断仪应支持再制造 ECU 型号的诊断且具有以下功能:

(1)读取故障码。

(2)读取数据流。

(3)模拟部分传感器信号、模拟车身电脑、其他电子控制单元与 ECU 通讯,执行动作测试。

(4)必要的编程匹配。

万用表要求测试探头的阻抗在 10MΩ 以上,为了对板上的各个芯片的管脚进行电压、短路等测量并避免引起管脚间的短路,应尽量使用细的探针,具体功能如下:

(1)对主板电路的短路、开路等线路情况进行测试。

(2)可针对板上的元器件的电阻值、电容值等参数进行测试。

(3)电路工作状态下的电压、电流等参数的测试等。

示波器对探针的要求与万用表相同,考虑到测试信号的频率,示波器的带宽要求为 40M 以上,具体功能如下:

(1)通讯信号波形的捕捉。

(2)通讯信号波形质量测试。

(3)通讯的过程的时序分析等。

(4)对于 CAN 总线,可以选用专门的 CAN 总线分析仪进行分析。

8.4.3　ECU 物理指标测试

ECU 最后的验收需要对 ECU 各项物理指标进行测试,具体需要的设备有:

(1)静电放电测试台,对 ECU 进行静电测试,应能输出 ±8kV 以上的静电。

(2)温湿度试验箱,对 ECU 在各种极端环境下工况进行检测,应能产生 -40~140℃的环境。

(3)密封测试仪、气体泄漏仪,对 ECU 进行密封性检测。

(4)振动测试仪,对 ECU 的抗震性能进行检测。

8.5　经济价值

截至 2014 年,中国汽车保有量 1.54 亿辆,而且逐年增长。每年 4S 店、汽修店更换下来的和汽车报废厂报废的 ECU 不计其数。目前除了个别当二手件售卖外,绝大部分都是直接金属提炼。然而这些 ECU 大部分是没有坏掉的,只是个别元器件老化或氧化造成故障,经再制造处理后都能继续使用,质量不比全新件差。

据华泰证券研究所统计,一个再制造产品相比新件节能 60%、节约耗材 70%、售价则为 50%。

在国外,汽车 ECU 的再制造已经相当成熟,而在国内,这方面的业务才刚刚兴起。

早期在消费者眼中,一方面是技术水平限制,再制造部件与二手部件没有太大区别度,一方面人们对汽车 ECU 的认知也很有限。但这几年国家开始关注汽车再制造行业,并在政策上予以支持,今年更是指定了 10 家企业作为"以旧换再"的试点,一方面在价格上予以补贴,一方面通过政府的举措为再制造商品树立品牌形象,向消费者们推广,消费者慢慢地对再制造产品有更好的认识,同时也开始接受再制造产品。因为,对于消费者来说,选择再制造产品,不仅品质有保障,价格更实惠,而且在后续还有维修服务。对于 ECU 再制造商来说,这是一项低投入,高回报的业务。对于国家来说,即节能、节约耗材,又减少环境污染,无疑 ECU 的再制造是一个共赢的产业。

在欧美等地,ECU 再制造虽然发展较快,但中国政府近年来不断加大对中国汽车再制造业的支持力度,而且市场容量大,中国的 ECU 再制造将会奋起直追,跟上国际的发展步伐。

8.6　行　业　发　展

目前为止,我国的 ECU 再制造产业尚处在起步阶段,相比于发动机、变速箱等再制造产品已经进入试点阶段,汽车 ECU 再制造这方面尚处于空白。而国外已经有许多大大小小的企业已经掌握了相当成熟的 ECU 再制造技术,有些企业如 AC-TRONICS、BBA-Reman 还自己生产相关的检测设备。

关于再制造的经营模式,国外也分化出了以下两种方式:

(1)以底特律柴油机、德尔福等企业为代表的面向企业客户的经营模式,他们或有着固定的合作伙伴,或自己便是 ECU 的生产商,因而他们能获取稳定、型号较为单一的大量订单,也可以获取到一些第一手的维修资料和规范手册。这种经营方式较适合刚起步但有一定实力的企业,一方面单一的型号,合作伙伴的技术支持可以使再制造变得更容易,另一方面持续的订单要求你有一定的生产能力和流水线。

(2)以 ACTRONICS、BBA-Reman 为代表的面向大众客户的经营方式,这种方式除了固定的合作企业以外,也面向普通客户,与维修相近,用户可以将自己受损的 ECU 寄给他们,他们会在一定的工作日内修理完成并寄回。这种经营模式除了要有一定规模外,还要有相当成熟的技术,涉及的 ECU 种类会比较繁杂,在企业技术积累到一定程度时可以采取这种方式拓宽事业线。

参 考 文 献

[1]徐滨士. 再制造与循环经济. 北京:科学出版社,2007.

[2]徐滨士,刘世参. 大力发展再制造产业. 求是,2005,(12):46—47.

[3]徐滨士. 绿色再制造工程及其在我国应用的前景. 北京:中国工程院咨询报告,2000.

[4]徐滨士. 装备再制造工程的理论与技术. 北京:国防工业出版社,2007.

[5]徐滨士. 再制造工程基础及其应用. 哈尔滨:哈尔滨工业大学出版社,2005.

[6]柯伟. 中国腐蚀调查报告. 北京:化学工业出版社. 2003.

[7]谢友柏,张嗣伟. 摩擦学科学及工程应用现状与发展战略研究——摩擦学在工业节能、降耗、减排中地位与作用的调查. 北京:高等教育出版社,2009.

[8]The US. Department of Energy Office of Industrial Technologies. Remanufacturing Vision Statement. 2012.

[9]朱胜,姚巨坤. 再制造设计理论及应用. 北京:机械工业出版社,2009.

[10]徐滨士,刘世参,朱胜. 绿色再制造工程设计基础及其关键技术. 中国表面工程,2001,(2):12—15.

[11]刘羽. 汽车发动机再制造工艺及修复技术初探. 常州工学院学报,2008,21(6):11—14.

[12]余淼,刘胜龙,朱李晰,等. 汽车发动机 ECU 的可靠性试验研究. 内燃机工程,2010,(3):90—93.

[13]黄胜龙. 汽车发动机 ECU 的自动化 HIL 仿真测试平台的研究与实现(硕士学位论文). 长春:吉林大学,2013.

[14]曾科,刘兵,黄佐华. 汽油机电子控制单元(ECU)的开发. 内燃机工程,2005,26(5):27—31.

[15]杨闻睿,敖国强,刘志,等. 高压共轨柴油机 ECU 硬件在环仿真系统软件设计. 内燃机工程,2009,30(5):41—44.

彩　　图

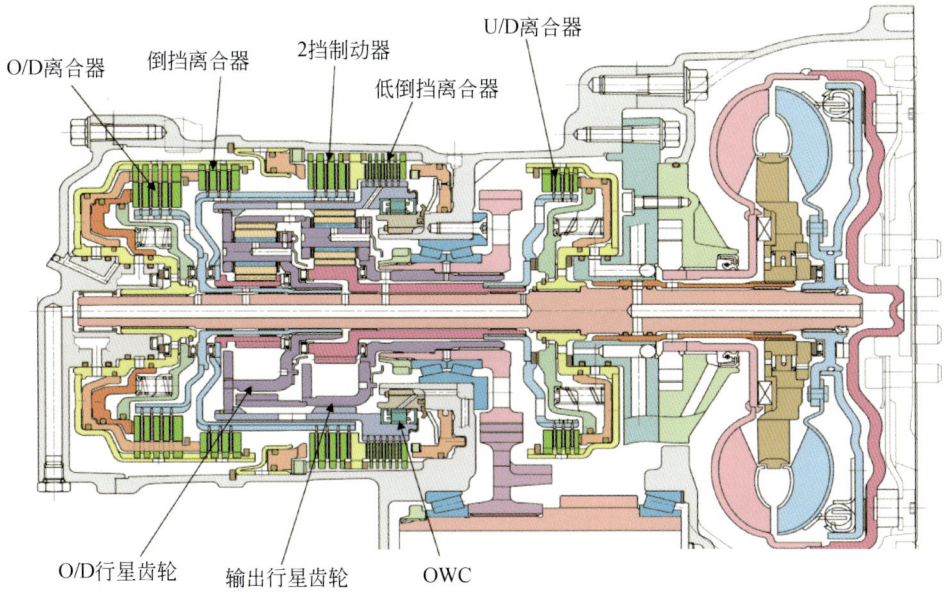

图 4.1　A4CF1 结构图

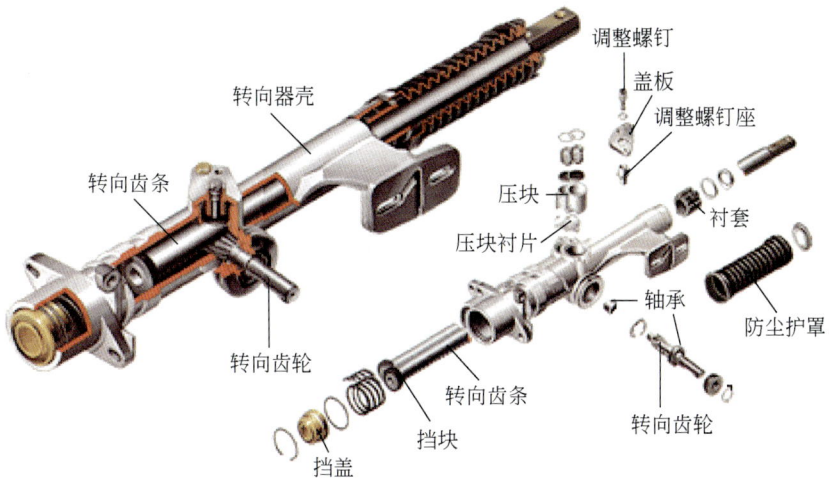

图 5.1　齿轮齿条式转向器的基本组成

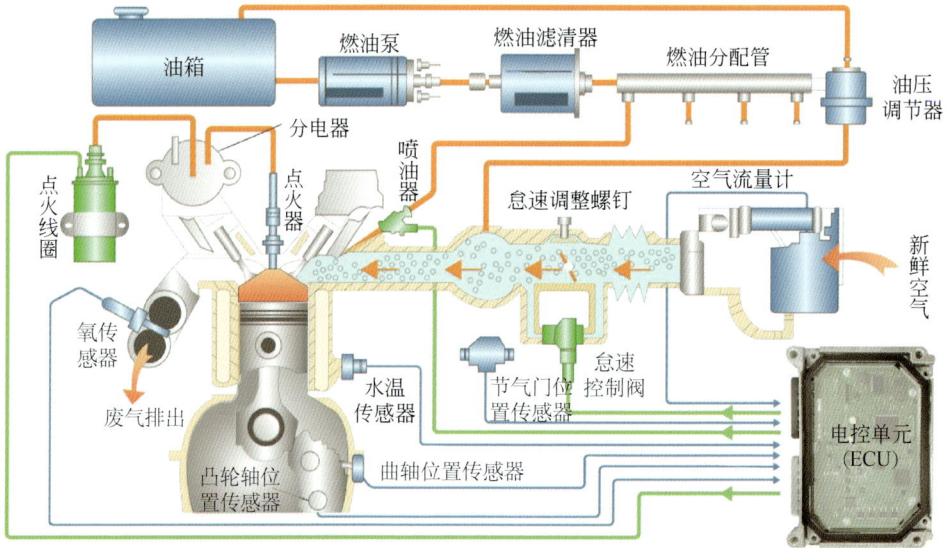

图 8.3　发动机电子控制系统

油箱　燃油泵　燃油滤清器　燃油分配管　油压调节器

分电器　喷油器　怠速调整螺钉　空气流量计

点火线圈　点火器　新鲜空气

氧传感器　废气排出　节气门位置传感器　怠速控制阀

水温传感器

凸轮轴位置传感器　曲轴位置传感器

电控单元（ECU）

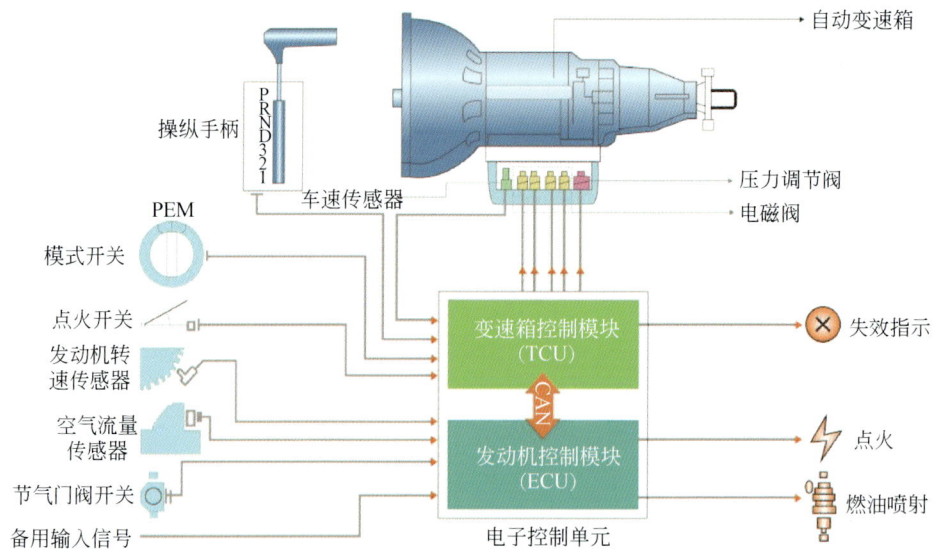

图 8.4　自动变速箱电子控制系统

自动变速箱

操纵手柄　PRND321　车速传感器　压力调节阀　电磁阀

PEM

模式开关

点火开关

发动机转速传感器

空气流量传感器

节气门阀开关

备用输入信号

变速箱控制模块（TCU）　失效指示

CAN

发动机控制模块（ECU）　点火　燃油喷射

电子控制单元